中国旅游发展年度报告书系
Annual Development Report of China's Tourism

中国入境旅游发展年度报告 2023

ANNUAL REPORT OF CHINA INBOUND TOURISM DEVELOPMENT 2023

中国旅游研究院 著

北京·旅游教育出版社

图书在版编目（CIP）数据

中国入境旅游发展年度报告. 2023 / 中国旅游研究院著. -- 北京：旅游教育出版社，2023.12
ISBN 978-7-5637-4640-8

Ⅰ．①中… Ⅱ．①中… Ⅲ．①旅游客源－研究报告－中国－2023 Ⅳ．①F592.6

中国国家版本馆CIP数据核字(2023)第250717号

中国入境旅游发展年度报告2023
中国旅游研究院　著

责任编辑	郭珍宏
出版单位	旅游教育出版社
地　　址	北京市朝阳区定福庄南里1号
邮　　编	100024
发行电话	（010）65778403　65728372　65767462（传真）
本社网址	www.tepcb.com
E - mail	tepfx@163.com
排版单位	北京旅教文化传播有限公司
印刷单位	北京中科印刷有限公司
经销单位	新华书店
开　　本	787毫米×1092毫米　1/16
印　　张	5.25
字　　数	58千字
版　　次	2023年12月第1版
印　　次	2023年12月第1次印刷
定　　价	55.00元

（图书如有装订差错请与发行部联系）

《中国入境旅游发展年度报告 2023》编委会

主　任　戴　斌

副主任　李仲广　唐晓云

编　委（按姓氏音序排名）

　　　　戴　斌　何琼峰　李仲广　马仪亮　宋子千
　　　　唐晓云　吴丰林　吴　普　杨宏浩　杨劲松

《中国入境旅游发展年度报告 2023》编写组

主　编

　　　　戴　斌　中国旅游研究院院长、教授、博士
　　　　刘祥艳　中国旅游研究院国际研究所（港澳台研究所）博士

成　员

　　　　刘倩倩（山东师范大学讲师）　席宇斌（上海商学院副教授）

　　　　马晓芬　王怡玮　彭雪雯　杨劲松　李隆辉　刘　鑫

繁荣世界文明百花园 共建全球旅游新未来
——中国—中东欧旅游交流与合作构想

2023年的劳动节五天假期，中国的国内旅游市场迎来了新冠疫情以来的转折点，入出境旅游也延续了春节以来的复苏进程。劳动节假日五天，全国国内旅游出游2.74亿人次，同比增长70.83%，按可比口径恢复至疫前同期的119.09%；实现国内旅游收入1480.56亿元，同比增长128.90%，按可比口径恢复至疫前同期的100.66%。据国家移民局数据，全国边检机关共查验出入境人员626.5万人次，日均125.3万人次，较去年"五一"同期增长约2.2倍，是2019年"五一"同期的59.2%。在宏观数据之外，网络上一则短视频则让人久久不能平静。行驶在塞尔维亚的一辆旅游巴士上，数十名中国游客合唱前南斯拉夫电影《桥》的主题曲，"那一天早晨，从梦中醒来/侵略者闯进我家乡……啊，朋友再见吧、再见吧、再见吧/每当人们从这里走过，都说/啊！多么美丽的花。"那一刻，满满的回忆在深情中复活，当地司机悄悄地抹去流下的泪水。

这些电影、歌曲、文学、艺术影响了一代又一代中国人，也拉近了中国和中东欧国家的心理距离，一旦条件允许，每个人都想去看看瓦尔特保卫过的萨拉热窝、茜茜公主流连过的美泉宫，还有CK小镇和布拉格城堡。今天，中国游客的足迹已经布满了包括亚洲、欧洲、美洲、非洲和南北极在内的每一块土地。中东欧国家是疫情前十年中国出境旅游者增长最快，也是最有潜力的海外旅游目的地。

表 1 2010—2019 年中国与中东欧区域游客互访总量

年份	中东欧访华人数（万人次）	中国公民首站出境中东欧人数（万人次）
2010	23.45	7.54
2011	24.51	9.14
2012	25.33	9.89
2013	26.15	11.91
2014	27.72	15.92
2015	28.52	18.99
2016	32.61	20.86
2017	35.36	27.88
2018	36.47	28.61
2019	38.27	25.74
年均增长率	5.6%	14.6%

资料来源：中国旅游研究院（文化和旅游部数据中心）。

随着旅行经验的丰富，更多的自然和历史文化资源进入了旅行社的产品手册和自助旅游者的攻略清单。匈牙利的帕玛哈农千年修道院与温泉、捷克的布拉格城堡、波兰的居里夫人博物馆、斯洛伐克的圣伊丽莎白教堂、克罗地亚的杜布罗夫尼克古城，等等，在年轻客群中均拥有广泛的知名度和美誉度。年轻人聊起莫德里奇和"格子军团"，波西米亚风格的艺术与美食、匈牙利的温泉，就像谈论乘风破浪的姐姐、草莓音乐节、宁波的海鲜和余姚的黄鱼面一般熟悉。随着双边贸易、双向投资与人文交流的加强，那些曾在影视作品观赏到的、在网络评论和攻略中被越来越多游客提及的中东欧的每一个国家都会进入中国公民的旅行计划。从近期的网络搜索量、游客发帖量和评论量来看，中东欧的小众目的地正在孕育旅游大市场。

表2 2019年中国与中东欧国家游客互访总量

国别	中东欧访华人数（万人次）	中国公民首站出境中东欧（万人次）
阿尔巴尼亚	0.37	0.05
波黑	0.44	0.09
保加利亚	2.11	0.24
克罗地亚	2.16	0.33
捷克	3.84	9.53
希腊	4.48	5.76
匈牙利	2.41	3.26
黑山	0.91	0.07
北马其顿	0.32	0.04
波兰	9.90	4.29
罗马尼亚	4.62	0.51
塞尔维亚	4.10	1.35
斯洛伐克	1.74	0.07
斯洛文尼亚	0.87	0.14

资料来源：中国旅游研究院（文化和旅游部数据中心）。

作为异地生活方式的旅游，吸引游客的不仅是美丽的风景，更是风景之上的美好生活。回顾中国出境旅游高速增长的二十年，经过了"8天10国游"的组团打卡式旅游、"买买买"的群体购物旅游和"慢慢慢"的深度体验旅游等不同的发展阶段，正在进入"我的行程我做主""美好生活深体验"的个性化和多样并存的新阶段。中东欧国家各具特色的自然风光、历史文化、风土人情、特色美食都为中国游客提供了丰富多元的个性化选择，加上稳中向好的双边关系、高效率的旅游推广和高品质的专业服务，中国游客对中东欧国家的满意度在102个重点监测的样本国家中处于相对较高的水平。

表3 2019年中国出境游客赴中东欧部分国家满意度及排名

序号	国家	2019综合	排名
1	捷克	81.07	16
2	塞尔维亚	80.90	21
3	匈牙利	80.43	35
4	希腊	80.19	42
5	克罗地亚	80.03	44
6	保加利亚	79.86	46
7	斯洛文尼亚	79.65	50
8	波兰	78.86	62
9	波黑	78.74	63
10	斯洛伐克	77.04	82

资料来源：中国旅游研究院（文化和旅游部数据中心）。

近年来，来自中东欧国家的入境旅游者，特别是与贸易、投资、教育、科技和文化交流相关的旅游者也在稳步增长。2012年以来，中国与中东欧国家贸易年均增长8.1%，中国自中东欧国家的进口年均增长9.2%。截至目前，中国与中东欧国家双向投资规模接近200亿美元。中欧班列蓬勃发展，2022年全年开行1.6万列，同比增长9%，中欧陆海快线建设也在积极推进。就在这一周，由中国东方航空公司执飞的宁波—布达佩斯定期客运航线正式开通，为旅游市场的扩容和品质的提升奠定了更加有利的基础。

我们注意到景点、美食、购物、温泉、住宿及其承载的美好生活，已经成为中国游客到访和消费的主要影响因素，农业、物流、贸易和投资则是中东欧国家旅游者访问中国不断增长的新动能。与此同时，我们也注意到，博物馆、美术馆、戏剧、非物质文化遗产、民族文化和民俗风情，及其所承载的不同地域的文明，仍然影响国际交流的基本要件和底层逻辑。中国人民自古以来就有读万卷书、行万里路的传统，出国旅游尤为人们所向往，在不同文明交流互鉴的行程中，所带来的不仅是看得见的消费和就业的增长，更有看不见的生活水平的提高和综合素质的提升。

2023年5月5日，世界卫生组织宣布新冠疫情不再构成"国际关注的突发公共卫生事件"，意味着世界朝着结束新冠疫情大流行迈出了关键性的一步，世界旅游业正在重新进入繁荣发展的新阶段。根据联合国世界旅游组织最新发布《世界旅游晴雨表》，2023年第一季度全球旅游达2.35亿人次，全球旅游已恢复到疫情前的80%，而欧洲地区能达到疫情前的90%。市场逐步复苏的同时，我们也注意到世界旅游也面临着新的挑战。

全球旅游供应链有待加速修复，航空、高铁、酒店、餐厅、购物、小交通等旅游资源的供给恢复速度还跟不上旅游市场复苏节奏，供给不足与发展的不均衡导致跨国旅行的成本偏高。增量人力资本吸纳与存量人力资本提升，特别是有经验的员工回流和新进入者的培训，也是必须解决的现实课题。这需要各国旅游部门加快构建面向新需求的人力资源体系，适应新市场的商业模式，以及跨国合作的治理体系。

旅行社、导游、餐馆、咖啡馆、免税店、列车、出租车等直接为旅游者提供服务的机构，还不能完善适应国际旅游者在语言、支付、通信等方面的数字化和亲和力方面的新需求。投资、贸易、服务领域的商会和行业协会还需要在以下方面加快创新的步伐：建设并规范高频旅游场景及相关导览设备的多语言标识指引体系；完善境外游客在行前、行中和行后的金融结算、离境退税和移动支付环境，提高电子支付便捷度和外币兑换便利性；提升游客在目的地使用移动网络和社交媒体的便利性。

各国签证、移民、口岸、金融、商务和税务等部门需要以更加开放的政策，满足跨国旅游者对便利、效率和品质的新需要。提升政府部门、公共机构和社会各界对旅游业的关注度，主动推进涉及人员流动、跨境购物和旅游市场主体建设方面的政策协调与落地，建立政府间旅游工作机制，协调国家旅游议程和战略目标，营造更有利于旅游业高质量发展的营商环境和政策体系，都是各国政府需要面对并有效解决的现实课题。

战争、恐怖袭击、公共卫生事件，还有国际关系和国内政策，比如一些国家征收出境税，对不同国家和地区的游客实施差别政策，都在不同程度上影响了世界旅游业的复苏和可持续发展。如何以旅游权利为导向，不断提升全球旅游治理体系和治理能力现代化水平，已经成为全球旅游业应当重点关注的现实课题。为此，文化和旅游、外交、移民和警察等部门应丰富政策储备，加强跨部门沟通和跨国界合作，创造更多的双边交流机制和多边对话平台，以确保国际旅游者的生命和财产安全，为游客在健康保障、旅行救援和服务投诉方面提供及时而有效的司法和行政救济。

全球旅游业的发展从来不是一帆风顺的，但全球旅游业始终是向前发展的。保障人民旅游权利，促进人的全面发展，应是全球旅游业发展的共同价值和根本遵循。包括中国和中东欧国家在内的各国政府，特别是文化和旅游部门、旅游业界，为了让人类在这颗蓝色的星球上更加自由地行走，应相向而行，主动承担共同而有区别的责任。

2023年3月15日，习近平主席在中国共产党与世界政党高层对话会上发表了题为《携手同行现代化之路》的主旨讲话，提出了全球文明倡议，对包括中国—中东欧在内的当今世界的人文交流和旅游发展指明了方向，擘画了未来。

无论是旅游者，还是旅游业，都要尊重世界文明多样性。在读万卷书、行万里路的行程中，与当地居民和企业员工多沟通、多交流，努力做到平等对话、彼此尊重、相互包容。无论是跨境交付、自然人流动，还是商业存在，旅游人都要本着共商共建、共创共享的原则，以文明交流超越文明隔阂、文明互鉴超越文明冲突、文明包容超越文明优越。

无论是旅游者，还是旅游业，都要倡导弘扬全人类共同价值。旅游者有分享世界自然和文化遗产、体验不同文化和美好生活的权利，当地居民也有追求经济社会发展现代化的权利，两者在多数时候是一致的，也可能在特定时空存在差异。为保证世界旅游业的可持续发展，我们要以宽广胸怀理解不同文明对价值内涵的认识，深刻理解和平、发展、公平、正义、民主、自由是各国人民的共同追求。

　　无论是旅游者，还是旅游业，都要推动各国优秀传统文化在现代化进程中实现创造性转化、创新性发展。文化遗产是文明演化的路标，是旅游发展的基础资源，也是吸引游客到访的核心吸引物。旅游者的到访，有助于各国人民更加珍视传统文化，旅游投资和市场创新则为弘扬优秀传统文明注入了新动能。根据世界银行的数据，国际游客主要到访的目的地仍然以80个高收入经济体为主，130多个中低收入经济体的国际游客接待量占比1995年为27%，2019年也只有36.6%。推动发达国家和地区的客源向发展中国家和地区流动，推进发展中国家和地区文化和旅游深度融合，应当成为世界旅游共同体的优先目标。

　　无论是旅游者，还是旅游业，都要促进各国人民相知相亲，共同推动人类文明发展进步。创新国际旅游的双边和多边合作机制，丰富包括中国—中东欧国家博览会、互办旅游年、亚洲旅游促进计划等合作机制，及时交换市场数据和产业信息。推动各国政府实施更加便利、更加高效的旅游政策，不再谋求任何时候对任何国家都保持服务贸易顺差，而是将安全和品质放到更加重要的目标上来。

　　旅游是人民的基本权利，是人类长存的生活方式，人民对美好旅游生活的向往就是我们的奋斗目标。旅游可以为目的地带来消费、投资和就业的增长，旅游还可以促进不同地域、不同文明、不同民族之间的文化交流和平等对话，旅游更可以为繁荣世界文明百花园、建设人类命运共同体做出更大的贡献。全世界旅游人团结起来，为了一个更加文明、更加安全、更高品质的旅游新世界而奋斗！

　　注：本文截取自戴斌院长2023年5月17日在第二届中国—中东欧国家地方合作高质量发展高端智库论坛上发表的主题演讲。

目 录
CONTENTS

第一章 全球国际旅游市场加快恢复 ························· 1
    一、国际旅游市场恢复步伐加快 ······················· 3
    二、各地区国际旅游市场正在强劲复苏 ············· 7
    三、周边带来的潜在竞争压力不减 ··················· 9

第二章 入境旅游步入恢复通道 ································ 15
    一、入境旅游市场已筑底并在局部较快恢复 ······ 17
    二、入境客源市场需求出现分化倾向 ················ 26
    三、入境游客满意度有待提升 ························· 30

第三章 入境行业生态正在重构 ································ 33
    一、行业正在积极恢复 ···································· 36
    二、业务恢复面临新的挑战与制约 ··················· 39
    三、恢复中的战略思考与重构 ························· 42

第四章 目的地的文化体验和美好生活再升级 ··········· 45
    一、中国文化和美好生活体验构成的核心吸引力 ··· 47

二、厚积待发的中国旅游目的地……………………………………… 49
　　三、文化体验性与异地生活感的打造…………………………………… 52
　　四、海外推广工作的重点内容…………………………………………… 55

第五章　入境旅游促进政策建议 ………………………………………… 57
　　一、各级政府和文旅部门积极作为……………………………………… 59
　　二、提升入境旅游的战略地位…………………………………………… 63
　　三、出台新时期的入境旅游振兴计划…………………………………… 65

后　　记 ………………………………………………………………………… 67

第一章
全球国际旅游市场加快恢复

第一章　全球国际旅游市场加快恢复
Chapter I　Accelerated Recovery in the Global International Tourism Market

伴随着更多国家/地区放开国际旅行限制，全球国际旅游市场在2022年实现大幅反弹，并在2023年上半年进一步加快恢复步伐，各地区的恢复水平也达到了过去两年的最高水平。2024年，全球旅游市场有望恢复并超过疫前水平。在全球国际旅游市场加快恢复的背景下，周边国际旅游目的地正在通过优化签证政策、实行旅游促进计划等措施提升其国际旅游竞争力，中国入境旅游依然面临较大的竞争压力，需采取积极行动，加快我国入境旅游，尤其是外国人入境旅游市场的恢复进程。

一、国际旅游市场恢复步伐加快

国际旅游市场在2023年加快恢复步伐，1—7月恢复到疫前同期的84%，高于2022年的恢复水平。UNWTO预计，2023年全年国际旅游市场将恢复到2019年的80%~95%，2024年国际旅游市场有望恢复并超过疫前水平。

1. 更多国际旅游目的地取消入境旅行限制

随着对新冠病毒及其变种的认知和了解的增加，越来越多的目的地国家/地区放宽或取消国际旅行限制。2023年5月4日，综合考虑全球新冠死亡病例数和重症病例数的下降趋势，以及人群对新冠病毒的高免疫力，世界卫生组织（WHO）宣布新冠疫情不再构成"国际关注的突发公共卫生事件"，并就包括国际交通在内的各种问题重申了对缔约国的建议。根据风险评估，继续取消与新冠疫情相关的国际旅行限制，并且不要求将新冠疫苗接种证明作为国际旅行的先决条件。UNWTO统计数据显示（图1-1），越来越多的旅游目的地取消了所有与新冠疫情相关的国际旅行限制，截至2023年9月18日，全球共有197个国家/地区取消了国际旅行限制。

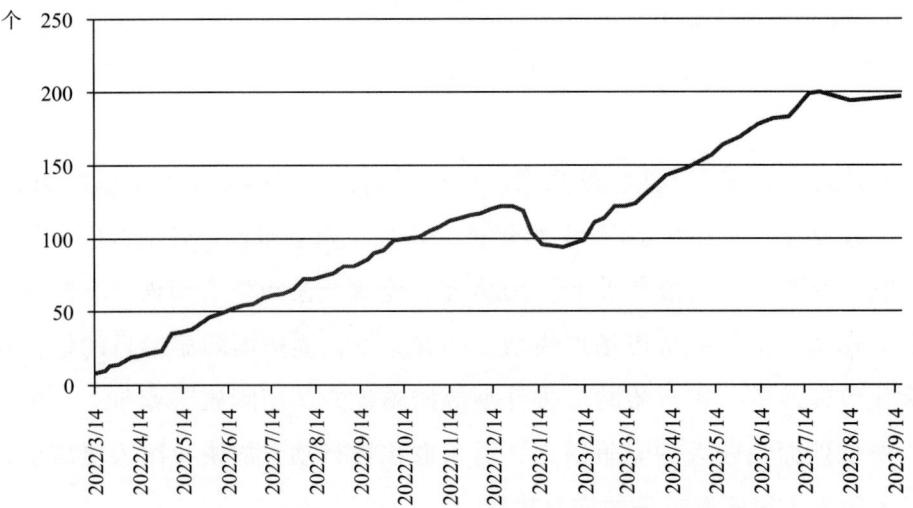

图 1-1 2022 年 3 月至 2023 年 9 月取消国际旅行限制的国家/地区数量

资料来源：联合国世界旅游组织。

2. 2022 年国际旅游市场实现大幅反弹

尽管面临国际经济形势和地缘政治不确定性等多种挑战，但随着更多国家/地区取消国际旅行限制，疫情期间压抑的旅游需求不断释放，旅游信心持续增强，在经过 2021 年的小幅反弹后，国际旅游市场在 2022 年出现大幅回升。UNWTO 公布的数据[①]显示（图 1-2），2022 年全球共接待国际游客约 9.69 亿人次，是 2021 年的两倍，恢复至疫前水平的 66.2%；2022 年全球国际旅游收入约为 1.07 万亿美元，回升至 1 万亿美元大关，同比增长 71.9%，达到疫前水平的 73.1%。

---

① 为 UNWTO 调整后的数据，https://www.unwto.org/tourism-data/global-and-regional-tourism-performance.

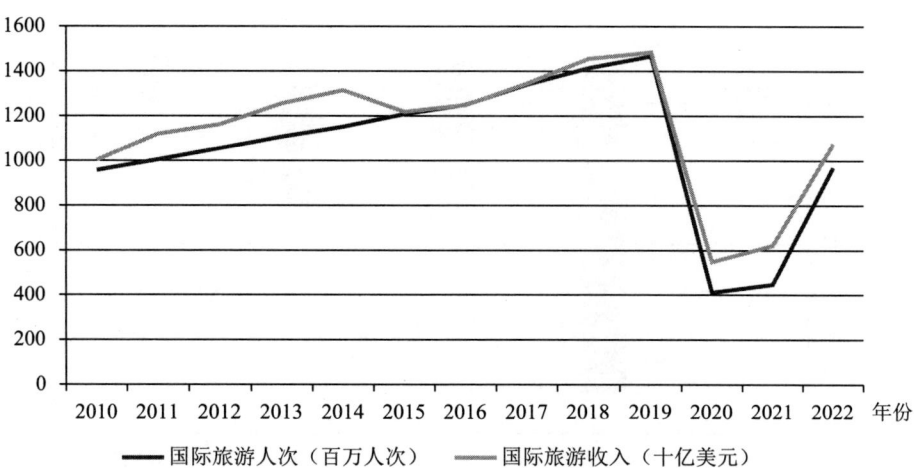

图 1-2　2010—2022 年全球国际旅游人次和收入情况

资料来源：联合国世界旅游组织。

全球各地区的国际旅游市场均有明显恢复，且部分地区国际旅游收入的恢复水平高于国际游客接待规模（图 1-3）。从 2022 年国际游客接待规模来看，中东地区的恢复力度最为强劲，其国际游客接待规模攀升至 2019 年的 90%；其次是欧洲、美洲和非洲，它们的国际游客接待规模分别恢复至 2019 年的 80%、71% 和 67%；亚太地区的国际旅游市场恢复相对较慢，国际游客接待量仅恢复至 2019 年的 28%，但与 2021 年的恢复水平相比（不足 10%），恢复步伐有所加快。从国际旅游收入情况来看，2022 年欧洲的表现最为抢眼，恢复到 2019 年的 87%；非洲、中东和美洲的国际旅游收入水平也有较好的恢复，恢复至 2019 年的七成上下；亚太地区的恢复相对较慢，恢复至 2019 年的 28%。

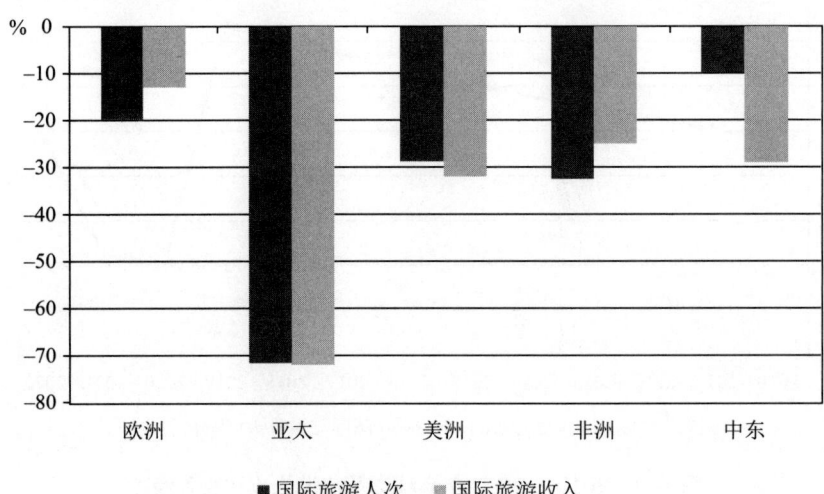

图 1-3　2022 年各地区国际旅游人次和收入与 2019 年相比的变动情况

3. 2023 年国际旅游市场加快恢复

尽管依然面临国际经济增速放缓、地缘政治局势紧张等多重挑战，国际旅游需求仍表现出非凡的韧性。国际旅游市场在 2023 年 1 月至 7 月的恢复步伐加快，部分地区已接近甚至高于疫前水平。UNWTO 于 2023 年 9 月发布的《世界旅游晴雨表》显示（图 1-4），在第二季度以及北半球夏季初期的强劲旅游需求推动下，2023 年前 7 个月，全球共接待国际游客约 6.98 亿人次，比 2022 年同期增长 43%，恢复到疫前水平的 84%。2023 年第一季度，国际游客人数已恢复到 2019 年同期的 80%，在第二季度这一恢复水平提高至 85%，其中，2023 年 7 月的恢复水平更是达到 90%。

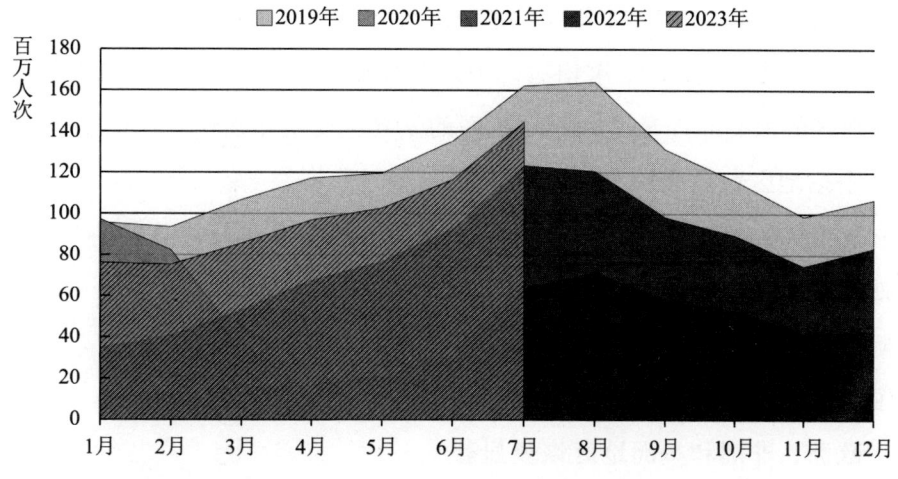

图1-4　2019—2023年（1—7月）国际游客接待人次月度情况

资料来源：联合国世界旅游组织。

4. 国际旅游市场恢复预期乐观

UNWTO预计，2023年全年国际旅游市场将恢复到2019年的80%~95%。根据2023年9月的调查，超过一半（57%）的UNWTO旅游专家认为2023年9月至12月的发展前景更好，三成（30%）的专家预计不会有特别的变化，当然还有少数（14%）专家认为情况可能会变差。专家组对未来国际市场趋势持乐观预期，绝大多数（79%）专家认为所在国的国际旅游市场能够在2024年或之前恢复到疫前水平，少数（21%）专家则表示这一恢复时间要在2025年或以后，这意味着全球国际旅游市场大概率会在2024年恢复并超过疫前水平。未来，充满挑战的经济环境，包括持续的通货膨胀和不断上涨的油价等，仍然是国际旅游市场有效恢复的主要制约因素。另外，俄乌冲突、巴以冲突等日益加剧的地缘政治紧张局势也将继续带来下行风险。

二、各地区国际旅游市场正在强劲复苏

2023年1月至7月，在主要客源市场需求的推动下，欧洲、美洲、亚太、

中东和非洲五大区域板块的国际旅游市场均呈现强劲回升态势。根据UNWTO发布的最新数据，与2022年相比，中东国际旅游市场恢复最快，欧洲、非洲和美洲地区的恢复同样显著，亚太地区的恢复速度明显加快（见图1-5）。

1. 中东地区恢复最快

中东地区在2023年1月至7月表现最为抢眼，其国际游客接待量较2019年同期增加20%，是唯一一个已从疫情影响中恢复的地区。其间，中东地区的国际游客接待量约为2022年同期的1.4倍，增加了887万人次。其中，6月的国际游客接待量更是较2019年同月增加了38%。

2. 欧洲、非洲和美洲地区恢复显著

欧洲作为世界上最大的旅游目的地，得益于地区内和美国国际旅游需求的进一步释放，2023年1月至7月，其国际游客接待人次达到3.75亿，占同期全球国际游客接待量的一半以上（53.7%），约为2022年同期的1.2倍，恢复至2019年同期的91%。其中，在1月、5月和7月三个月，国际游客接待量均攀升至2019年相同月份的93%左右。

2023年1月至7月，非洲地区的国际游客接待量恢复至2019年同期的92%，约为2022年同期的1.7倍。值得关注的是，北非地区的国际游客接待量已超过疫前水平，增加了8%。

在强势美元的支撑下，美国的强劲旅游需求使美洲地区和其他地区的旅游目的地受益明显。美洲地区在此期间的国际游客接待量（1.12亿）是2022年同期的1.4倍，恢复到2019年同期的87%。其中，7月表现最为抢眼，国际游客接待量攀升至2019年同期的90%。

3. 亚太地区加快恢复

2023年1月至7月，亚太地区的国际游客接待量（1.29亿）是2022年同期的3.4倍，恢复到2019年同期的61%。虽然与其他地区相比，亚太地区国际游客接待规模的恢复情况相对较慢，但随着区域内大多数国家/地区，尤其是中国取消了与新冠疫情相关的国际旅行限制，亚太地区的国际旅游市场正在加速恢复。实际上，亚太地区的恢复速度正在逐月加快，2023年7月已

经恢复至 2019 年同月的 75%。

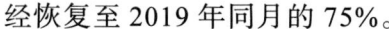

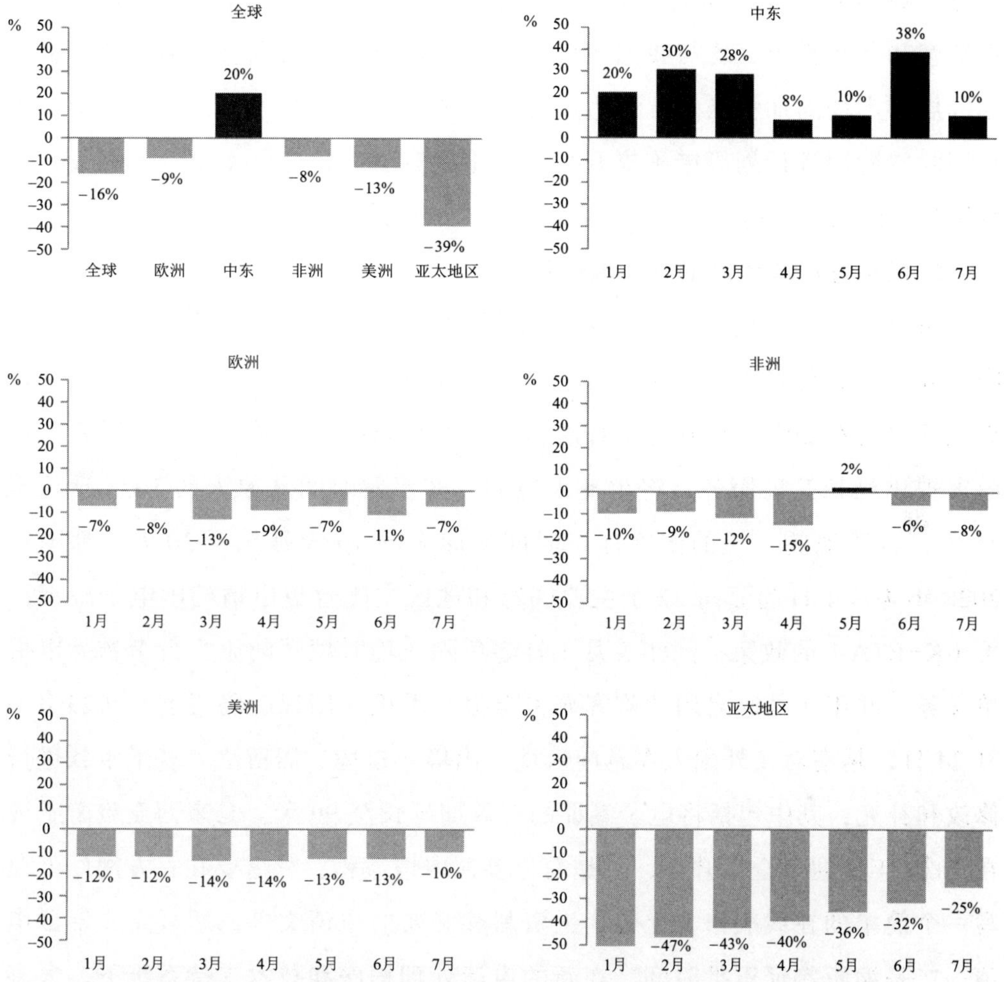

图 1-5　2023 年 1—7 月各地区国际旅游接待量与 2019 年同期相比的变化情况

资料来源：联合国世界旅游组织。

三、周边带来的潜在竞争压力不减

地理位置相邻、相近的国家和地区在互为重要客源市场的同时，也往往因为类似的文化和旅游资源而成为彼此的竞争对手。中国周边的旅游目的地国家，典型如日本、韩国、新加坡、泰国、马来西亚、印度尼西亚、越南、柬埔寨和菲律宾等，均与我国入境旅游发展构成一定的竞争关系。随着全球国际旅游市场的加快恢复，周边旅游目的地国家正在通过优化签证政策、实行国际旅游促进计划等措施提升其国际旅游竞争力，并取得了一定成效，给我国（外国人）入境旅游市场恢复带来一定的竞争压力。

1. 优化签证政策以提升入境便利度

2023年以来，周边国家不断优化签证政策，简化签证申请手续，缩短批准时间，延长停留时间，有效提高了入境便利度。泰国于2023年1月9日起继续执行在2022年10月1日颁布的全面重新开放旅游政策，为所有入境游客提供延长签证服务，将免签入境的游客停留时间从原来的30天延长至45天，将落地签入境的游客停留时间从原来的15天延长至30天。韩国自2023年4月1日起面向22个主要国家和地区实施暂免申请韩国电子旅行许可（K-ETA）的政策，同年5月1日起免除入境时填写的旅客行李物品申报单义务，并于7月起启用"旅客海关申报"手机应用程序码通道。2023年6月24日，越南对《外国人在越南入境、出境、过境、居留法》若干条款进行修改和补充，其中包括将电子签证的有效期延长至90天。马来西亚旅游签证在2023年也迎来全面升级，一是简化签证申请流程，只需要在官方网站上填写一个简单的在线表格，上传个人资料和必要的申请文件，即可完成签证申请；二是缩短签证审批时间，在新的申请处理程序和技术支持系统下，大多数游客可在48小时内收到签证批准的通知；三是提供多次入境便利，持有效马来西亚旅游签证的游客可以多次入境，并在每次入境时停留长达90天。对国际游客而言，上述签证政策的优化显著提高了这些目的地的可进入性。

2. 实行旅游促进计划吸引国际游客到访

2023年以来，周边国家正积极推出一系列国际旅游促进计划，以吸引国际游客到访。2022年12月12日，韩国政府正式宣布2023—2024年为韩国访问年。为恢复访韩旅游市场活力，韩国旅游发展局将在韩国访问年推出各种彰显 K-文化魅力的文化活动、旅游商品以及宣传活动，还将着重改善各类旅游环境以确保访韩外国游客的安全和良好体验。2023年9月27日，新加坡旅游局（STB）推出了"新加坡制造"（Made in Singapore）活动，并将在中国、印度、印度尼西亚、韩国、英国和美国等全球主要客源市场推出，旨在重新点燃国际游客对新加坡的热情。新加坡旅游局（STB）还与新加坡樟宜机场集团（CAG）和新加坡航空公司（SIA）重新推出免费新加坡之旅，向过境和转机旅客推广新加坡旅游，为他们提供4条观光线路，每条参观时间为2.5小时，并提供英文导览服务。柬埔寨旅游部启动了2023—2026年暹粒旅游营销和推广战略计划，通过一系列促销活动重点吸引短期和长期国际游客到访。印度尼西亚旅游和创意经济部则推出了"印尼关怀"（InDOnesia CARE）计划，强调旅游业需保持安全感、健康感和舒适感，并通过改善基础配套设施、提升服务水平以进一步赢得国际游客的信赖。

3. 周边国家的国际旅游恢复快于我国

2023年以来，周边国家的旅游促进战略、计划及措施在一定程度上加快了其国际旅游恢复进程。2023年前7个月，周边国家的国际游客接待规模大都恢复至疫前的六成以上。泰国在签证方面的改革使得其国际游客接待量迎来快速增长，2023年前7个月共接待国际游客1540万人次，恢复至2019年同期的67%。马来西亚旅游签证的全面升级也推动了其国际旅游的恢复进程，2023年前5个月，其国际游客接待量已恢复至2019年同期的68%。柬埔寨在暹粒旅游营销和推广战略计划的带动下，前7个月的恢复水平甚至接近2019年的八成。与此同时，各国国际游客接待量逐月增加，与2019年同期水平的差距不断缩小，恢复速度逐步加快。得益于韩国访问年活动以及相关的入境便利化措施，韩国接待国际游客数量在7月突破100万人次，恢复至2019年同月的71.3%。同样，在"新加坡制造"和新加坡之旅等活动的带动下，新加坡的国际游客数量持续增长，在7月达到109.6万人次，恢复至2019年同月的88.7%。

相比之下，不考虑港澳台市场，我国外国人入境旅游市场的恢复进度明显慢于周边国家。根据全国移民管理机构查验出入境人员的统计数据，前两个季度外国人出入境人次恢复到 2019 年的 27.3%，恢复度不足三成，与周边国家普遍达到六成以上的恢复度相比存在较大差距。不少入境旅行服务商反映，对于有意愿来亚洲旅行的欧美游客而言，日韩对中高端市场更具吸引力，周边东南亚国家则以更高的性价比对中低端市场更具吸引力，我国对欧美游客的吸引力有所下降。对此，我国需采取更积极的入境旅游促进措施，如进一步提高签证度便利度，制订和落实国际旅游促进战略计划，加大对外文旅推广和促销，以加快我国外国人入境旅游市场的恢复进程。

表 1-1 2023 年 1—7 月中国及周边国家国际游客接待人次与 2019 年同期相比的变化情况

单位：人次

国家	1月	2月	3月	4月	5月	6月	7月	累计变动
日本	1 497 472	1 475 455	1 817 616	1 949 236	1 899 176	2 073 300	2 320 600	-34%
	-44.32%	-43.35%	-34.15%	-33.40%	-31.51%	-28.01%	-22.42%	
韩国	434 429	479 248	800 575	888 776	867 130	960 638	1 032 188	-45%
	-60.68%	-60.12%	-47.87%	-45.64%	-41.63%	-34.93%	-28.72%	
新加坡	746 450	701 728	752 113	815 640	868 962	831 647	1 096 352	-32%
	-42.52%	-38.77%	-36.41%	-29.75%	-24.60%	-29.79%	-21.34%	
泰国	2 144 948	2 113 550	2 219 040	2 182 100	2 013 852	2 241 201	2 490 643	-33%
	-42.32%	-41.35%	-36.11%	-31.70%	-26.15%	-26.57%	-25.14%	
马来西亚	1 496 308	1 298 261	1 593 033	1 543 063	1 550 491	—	—	-32%
	-31.85%	-40.06%	-31.76%	-28.55%	-26.11%	—	—	
印度尼西亚	735 947	701 931	869 243	865 810	953 713	1 062 789	1 122 954	-31%
	-38.76%	-43.57%	-33.74%	-32.05%	-23.67%	-25.89%	-23.51%	
越南	871 162	932 969	895 425	984 146	916 257	975 010	1 038 563	-32%
	-41.99%	-41.25%	-36.50%	-33.00%	-30.94%	-17.75%	-21.07%	

第一章　全球国际旅游市场加快恢复
Chapter I　Accelerated Recovery in the Global International Tourism Market

续表

国家	1月	2月	3月	4月	5月	6月	7月	累计变动
柬埔寨	401 943	434 503	454 093	430 129	442 114	416 150	457 412	−21%
	−37.90%	−27.28%	−28.28%	−20.00%	−6.52%	−7.52%	−8.96%	
菲律宾	425 188	431 695	436 292	417 320	353 093	407 210	467 919	−39%
	−41.00%	−44.00%	−39.00%	−37.00%	−43.00%	−37.00%	−35.00%	
中国（外国人市场）	15%			37.5%			—	27.3%

注：中国的变动数据由移民局公布的港澳台居民和外国人出入境人次季度数据估计得出。
资料来源：联合国世界旅游组织、中国国家移民管理局。

第二章
入境旅游步入恢复通道

第二章　入境旅游步入恢复通道
Chapter II Inbound Tourism Enters the Path of Recovery

我国在 2023 年逐步放开并取消入境旅游限制，入境旅游市场重启后进入稳步恢复通道，局部客源市场（港澳市场、商务市场等）恢复步伐相对较快。随着潜在入境旅游需求显著提升，未来入境旅游恢复形势较为乐观。此外，我国入境旅游客源市场需求出现分化倾向，欧美日韩等传统客源市场来华旅游需求弱化，有待被激活，"一带一路"等新兴客源市场潜力值得关注。我国入境旅游恢复过程中还存在性价比不高、签证手续烦琐、目的地游览不便等问题，致使入境游客对在华旅游服务质量的感知低于疫前水平。

一、入境旅游市场已筑底并在局部较快恢复

2022 年，我国入境旅游市场规模进一步收缩至疫情三年里的最低点。进入 2023 年，我国对疫情实行"乙类乙管"之后，各类入境旅游签证重新放开，入境旅游迎来重启。当前，入境通关手续已经回归到疫前常态化，且推出了一些入境签证便利化措施，入境旅游市场正在稳步恢复。从广义旅游统计上来看，初步估计 2023 年全年入境旅游市场有望恢复到 2019 年的六成以上。与此同时，入境旅游恢复也表现出不均衡特征，港澳市场的恢复显著快于外国人市场，商务市场明显快于休闲观光市场。在潜在来华需求进一步增加的未来，伴随国际航线的不断恢复、入境便利度有望进一步提升、入境旅游供应链的持续修复和当前及未来各级旅游目的地及市场主体的积极推广，2024 年我国入境旅游的恢复前景较为乐观。

1. 2022 年入境旅游市场规模再收缩

2022 年，由于疫情防控背景下的国际旅行限制，我国入境游客接待规模持续收缩。2022 年我国接待入境游客 2525 万人次，比 2021 年减少 113 万人次，仅为 2019 年的 17.4%（见图 2-1）。可以说，2022 年是疫情三年里最惨淡的

一年。

与 2021 年类似，由于较严格的疫情管控政策和入境限制，需求更具刚性的商务、留学及探亲市场依旧是支撑我国入境旅游的基础市场。其中，持续频繁的国际经贸往来和国际资本流通促成更多必要的来华商务旅行。国民经济和社会发展统计公报显示，2022 年，我国全年货物进出口总额达 42.1 亿元，比上年增长 7.7%；全年实际使用外商直接投资金额约 1891 亿美元，同比增长 8.0%；全年对外非金融类直接投资额约 1169 亿美元，同比增长 2.8%。稳步增长的货物和资金往来意味着一定规模的经贸、科技、物流等人员必要的来华商务旅行，这构成了入境市场的基础支撑。

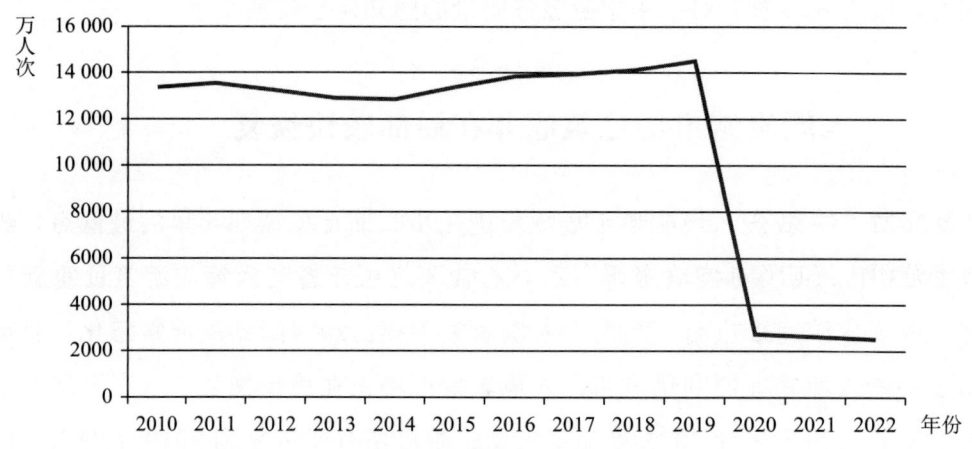

图 2-1　2010—2022 年我国入境游客接待情况

资料来源：中国旅游研究院（文化和旅游部数据中心）。

2. 国际旅行限制逐步取消，入境旅游全面重启

不再实施与疫情管控相关的入境健康管理措施，入境通关回归常态化。根据《关于对新型冠状病毒感染实施"乙类乙管"的总体方案》，优化中外人员往来管理是主要措施之一，自 2023 年 1 月 8 日起，我国取消了入境后全员核酸检测和集中隔离，取消了"五个一"及客座率限制等国际客运航班数量管控措施。来华人员在行前 48 小时进行核酸检测，结果阴性者可来华，无须向我驻外使领馆申请健康码，但需将结果填入海关健康申明卡。基于疫情形势变化，入境防疫措施不断调整优化，自4月29日起，所有来华人员可用登机前48小时内抗原检测代替核酸检测，航空公司不再查验登机前检测证明；自8月30日起，来华人员无须进行入境前新冠病毒核酸或抗原检测，在《中华人民共和国出入境健康申明卡》中不再进行相应填报；根据海关总署的最新规定，自11月1日零时起，取消入境旅客海关健康申明卡的申报要求。至此，我国入境通关程序完全恢复到疫前常态化。

入境旅游签证的恢复标志着入境旅游全面重启，相关便利化措施进一步推动入境旅游恢复。随着疫情管控政策的调整，我国不断优化调整外国人的来华签证政策。自2023年2月6日起，我国全面恢复内地与港澳人员往来，恢复内地居民与香港、澳门团队旅游经营。自3月15日起，我国恢复2020年3月28日前签发且仍在有效期内的签证入境功能；驻外签证机关恢复审发外国人各类赴华签证；口岸签证机关恢复审发符合法定事由的各类口岸签证；恢复海南入境免签、上海邮轮免签、港澳地区外国人组团入境广东免签、东盟旅游团入境广西桂林免签政策，这标志着入境旅游在疫情三年之后的全面重启。外国人入境团队旅游和"机票+酒店"业务自3月31日起恢复，中国台湾居民相关业务自5月19日起恢复。至此，入境旅游团队业务已经全面重启。7月26日起，我国恢复对新加坡、文莱的单方面免签政策。我国的各类入境签证政策在恢复过程中，还配套出台了一些便利化措施。自5月1日起，我方允许APEC商务卡虚拟卡的持卡者入境；自8月上旬以来，我国驻外大使馆、总领事馆等机构规定在2023年年底前，符合条件的一次或两次入境的商务、旅游、探亲、过境、乘务类签证申请人可免采指纹；9月20日上线的新版中国签证申请表大幅减少了文字性填报内容，缩短了申报者的填写时间。针对广交会、进博会的各国客商，在免预约、免采指纹的基础上，凭邀请函即可在任一驻外使领馆申请签证。10月1日起，中俄正式实施互免团体旅游签证协定，黑龙江迎来大批俄罗斯游客。11月10日起，中国和哈萨克斯坦互免签证协定正式生效，哈国公民来华旅游单次停留不超过30日，每180日累计停留不超过 90 日者可免办签证。从 11 月 17 日起，我国对挪威公民实施 72/144 小时过境免签政策，该政策适用国家范围增至 54 个。我国还决定试行扩大单方面免签国家范围，在 2023 年 12 月 1 日至 2024 年 11 月 30 日，法国、德国、意大利、荷兰、西班牙、马来西亚 6 个国家持普通护照公民来华经商、旅游观光、探亲访友和过境不超过 15 天可免签入境。此外，2023 年 3 月 8 日，我国正式加入《取消外国公文书认证要求的公约》，该公约在 11 月 7 日生效实施，公约成员国送往我国的公文书不再需要领事认证，留学、商务等入境游客将因此受益。

国际航空及邮轮航线持续恢复，跨境铁路开通，入境交通便利度有所提升。随着民航局在 2022 年 12 月 28 日发布《恢复国际客运航班的若干措施》，作为入境游客来华重要途径的国际航班，从 2023 年伊始便加快恢复。中共中央政治局在 2023 年 7 月 24 日召开会议，更是明确强调"要增加国际航班"。2023 年以来国际客运航班持续恢复，自 8 月下旬以来已稳定在疫前的 50% 以上。根据最新的 2023/2024 年冬春航季航班计划，国际航班量约为 2019/2020 年冬春航季的 70.7%。截至 10 月底，中国内地与英国的航班量已恢复至 2019 年同期水平，对新加坡、马来西亚、韩国、澳大利亚等国或区域的航班恢复率均在五成以上。作为世界上最大的两个经济体，中国和美国之间的直达航线也正在稳步恢复，从 10 月 29 日起增至每周 48 班（中美两国航空公司各 24 班），而在 10 余天之后这一数字又增至 70 班（即中美各 35 班）；土耳其航空、阿提哈德航空、卡塔尔航空等国际航空公司积极拓展中国航线网络，我国各城市尤其是省会城市、二线城市也纷纷出台措施吸引国际航线落户本地。与此同时，国际邮轮航线也正在恢复。在前期上海、深圳邮轮港口试点恢复的基础上，交通运输部于 2023 年 9 月 19 日起全面恢复我国境内邮轮港口的国际邮轮运输，国际邮轮航线再次抵达我国。内河游轮成为入境游客在华体验的特色"目的地"。重庆冠达世纪游轮开航的长江游轮在 2023 年前三季度接待入境游客超过 3000 人次。此外，跨境铁路也为入境游客来华提供了新的便捷交通方式。以中方为主投资建设的中老铁路，不仅推动物资双向奔

第二章　入境旅游步入恢复通道
Chapter II　Inbound Tourism Enters the Path of Recovery

赴，更是形成一条旅游黄金通道，该国际旅客列车在2023年4—7月服务49个国家和地区的旅客4万多人次。

3. 2023年入境旅游恢复呈不均衡特征

在入境旅游全面重启的背景下，市场正在稳步恢复。根据全国移民管理机构查验出入境人员的统计数据（如图2-2），2023年前三个季度，中国港澳台居民和外国人出入境人次已经恢复到2019年同期的六成以上。其中，港澳台居民出入境人次恢复到2019年七成以上（73.3%），外国人出入境人次恢复到三成以上（35.1%）。分季度来看，无论是外国人还是中国港澳台居民的出入境人次均呈加速恢复态势，第三个季度分别恢复到2019年同期的50.3%和90.4%，远高于第一季度的15.0%和52.7%。这表明，从广义的旅游统计上来看，2023年前三个季度，我国入境旅游已恢复到疫前的六成以上，且恢复步伐正在加快，但客源市场的恢复是不均衡的，港澳市场是入境旅游市场恢复的引领者，外国人入境市场恢复较慢。2023年前三季度，港澳台居民出入境人次占总体的84%，明显高于2019年同期的70%。这也意味着，我国入境旅游市场的恢复更加依赖于港澳市场。

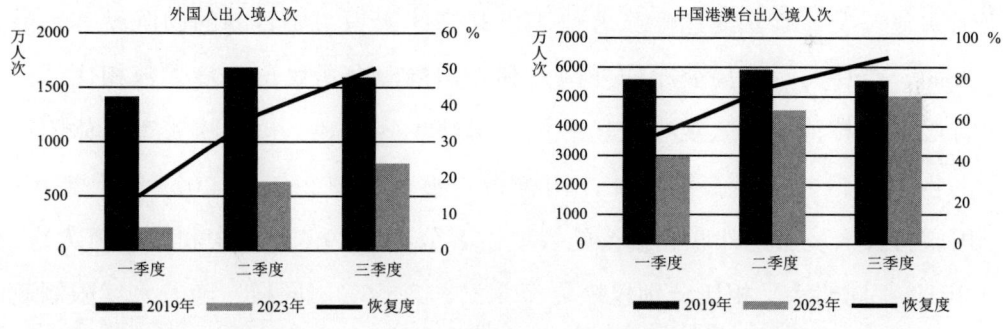

图2-2　2019和2023年1—3季度外国人和中国港澳台居民出入境人次及恢复度

资料来源：国家移民管理局。

2023年第四季度，我国入境旅游将延续第三季度的快速恢复态势。基于移民管理局的数据，从广义的旅游统计上来看，初步估计2023年全年我国将接待入境游客约9500万人次，恢复到2019年的65%（见图2-3）。其中，超过八成的入境游客来自中国港澳地区。

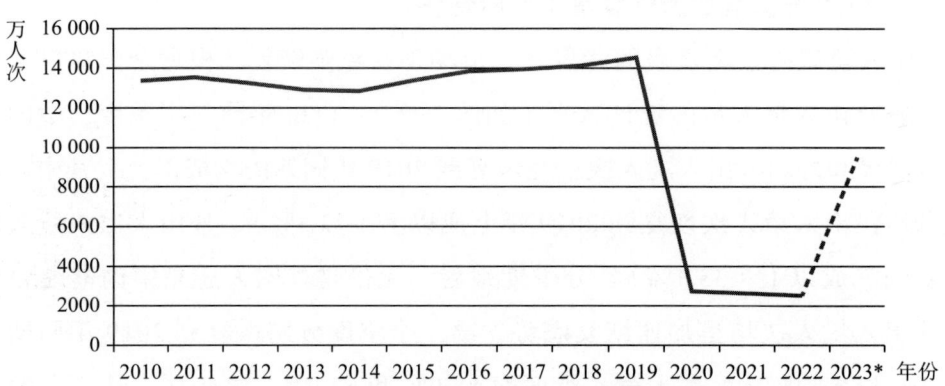

图2-3　2010—2023年我国入境游客接待情况

注：* 为预测数据。

资料来源：中国旅游研究院（文化和旅游部数据中心）。

需求更具刚性的商务市场恢复明显快于观光休闲市场。一方面，入境旅行服务商纷纷表示，2023年接待的入境游客中，以商务客人为主，且占比较疫前明显提升，其恢复速度显著快于以观光休闲为主要目的的团队游客。另一方面，与移民管理局公布的外国人和中国港澳台居民出入境人数相比，由旅行服务商接待的团队观光市场的恢复形势不容乐观，也意味着观光休闲市场的恢复较慢。全国旅行社统计调查报告显示（图2-4），2023年上半年，全国旅行社入境旅游外联和接待的入境游客分别为19.6万人次和47.8万人次，与2019年同期水平相比分别仅恢复至3.3%和5.6%。同样，随着入境限制政策的不断放宽，旅行社入境旅游外联和接待人次第二季度的恢复水平也有所加快，分别恢复至2019年同期的5.6%和8.7%，明显高于第一季度的0.7%和1.4%。在入境便利政策的推动下，尤其是8月的入境申请人临时免采指纹以及9月的入境签证申请表简化等，加之第三季度是入境旅游旺季，下半年旅行社入境旅游外联和接待游客规模将实现更快恢复。

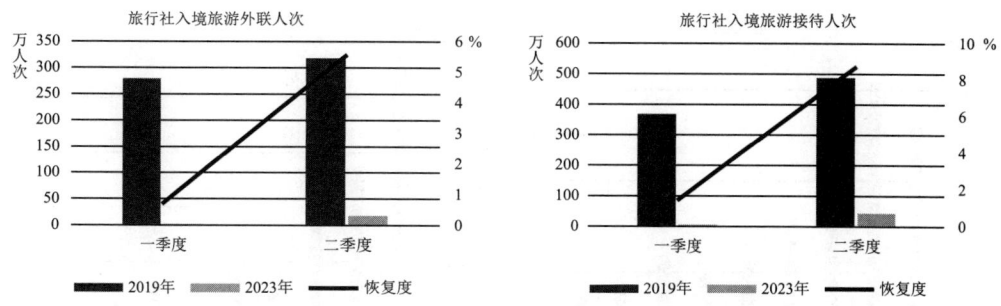

图 2-4　2019 和 2023 年 1—2 季度旅行社入境旅游外联和接待人次及恢复度

资料来源：文化和旅游部。

北京、上海、广州和深圳作为我国重要的对外窗口城市，2010 年至 2019 年，其入境游客接待量占入境旅游市场总体的比重接近四分之一（见图 2-5）。当前，北上广深的国际航线航班量已然处于国内领先地位（见图 2-6），他们也是境外游客最可能到访的中国城市，从谷歌检索数据来看（见图 2-7），上海、北京、广州和深圳旅行是谷歌搜索量最高的四个城市，境外游客对北上广深的城市旅游认知度和潜在旅游意愿较高。考虑到以上因素，课题组基于这四个城市的入境旅游数据进行分析，以期能够反映 2023 年我国入境旅游的整体恢复情况。

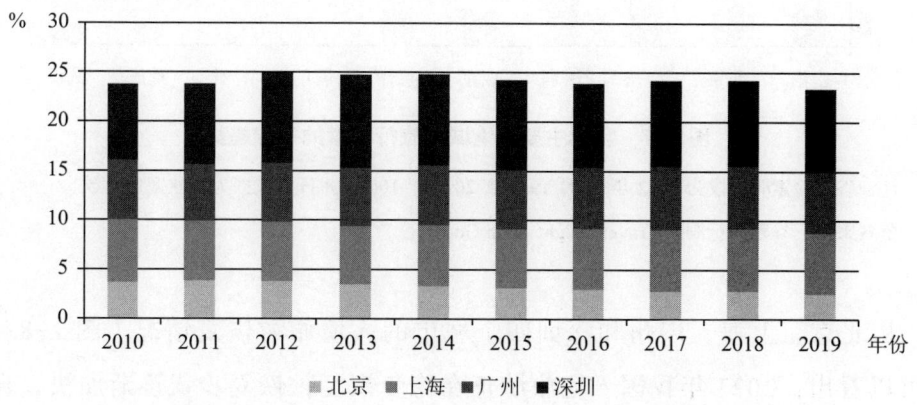

图 2-5　2010—2019 年主要城市入境游客接待量占比

资料来源：各城市国民经济和社会发展统计公报。

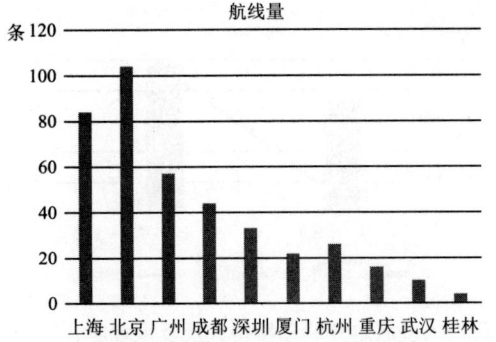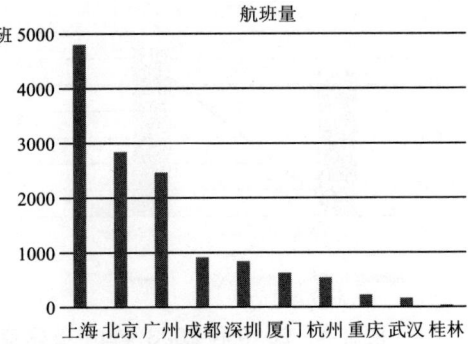

图 2-6 我国主要入境旅游城市的航班航线数量

注：检索时间段为 2023 年 10 月 18 日至 11 月 17 日。

资料来源：Variflight。

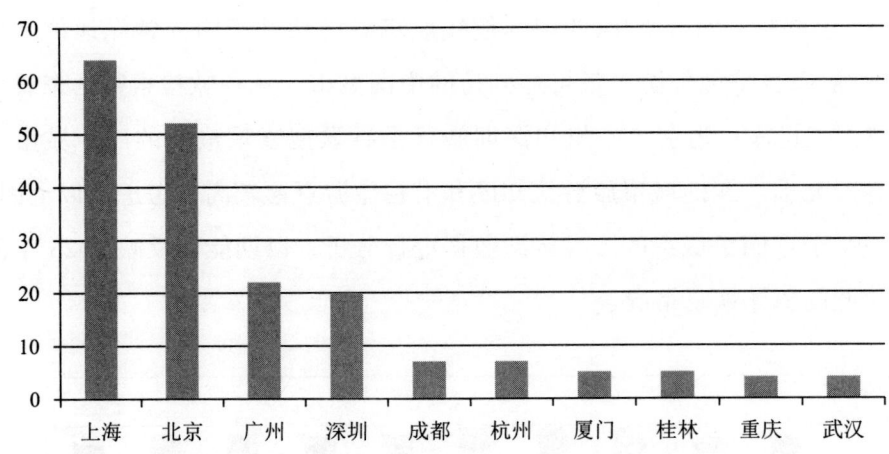

图 2-7 我国主要入境城市旅行检索的谷歌趋势

注：谷歌检索时间段为 2022 年 10 月 19 日到 2023 年 10 月 18 日，数据为谷歌搜索指数。

资料来源：谷歌旅行洞察 Travel Insights with Google。

从北京、上海、广州和深圳四个城市的入境旅游恢复情况（图 2-8）同样可以看出：2023 年我国入境旅游正在稳步恢复，恢复步伐逐渐加快，且同样表现出不均衡特征。2023 年前三个季度，北京市累计接待入境游客（含港澳台）75.1 万人次，恢复到 2019 年同期（281.7 万人次）的 26.7%；上海市共接待入境游客（含港澳台）229.9万人次，恢复到2019年同期（约652.7万人次）的35.2%；广州市共接待入境游客（含港澳台）254.1万人次，恢复到2019年同期（617.6万人次）的41.1%。可见，2023年前三个季度，从狭义旅游统计（不包括边境旅游以及因留学、工作等产生的旅行）来看，我国入境旅游大概率恢复到疫前的四成左右。从各季度的恢复情况来看，随着入境政策的持续放宽，其恢复速度明显加快。与2019年同期相比，2023年第一季度四个城市的入境旅游恢复度在20%上下，第二季度和第三季度的恢复速度加快，北京、上海和广州在第三季度的恢复度分别提升至32.6%、48.3%和59.3%。从各城市的恢复速度来看，广州和上海的恢复速度明显快于北京，这主要是由于广州接待了大量的港澳游客，而港澳市场的恢复快于外国人市场，上海接待了更多的商务游客，而商务市场的恢复快于观光休闲市场，从侧面印证了我国入境旅游市场恢复的不均衡特征。

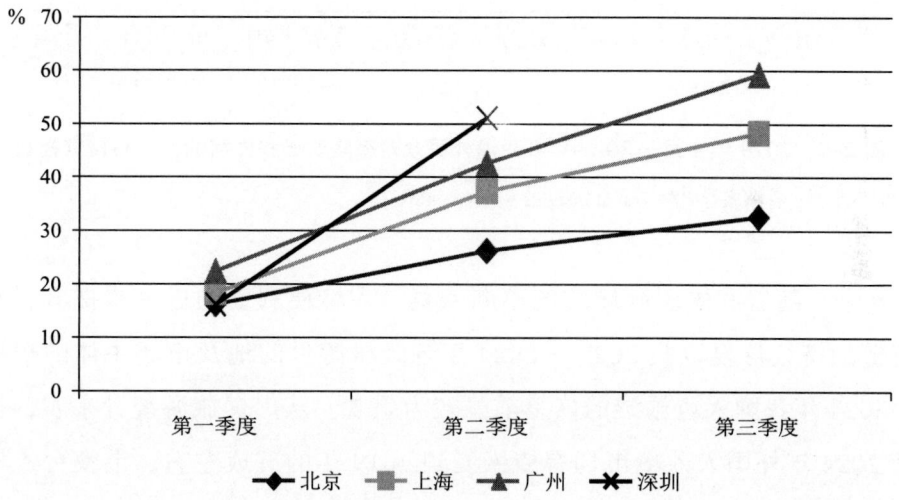

图2-8　2023年前三季度主要城市入境游客接待与2019年同期相比的变动情况

注：深圳数据公布至2023年二季度。

资料来源：北京市文化和旅游局、上海市统计局、广州市统计局和深圳市统计局。

4. 入境旅游恢复前景较乐观

伴随 2023 年我国入境旅游的全面重启，潜在来华旅游需求显著提升。谷歌搜索数据显示（图 2-9），2023 年海外民众对来华航班和住宿的搜索量显著提高，不仅超过过去三年，也超过了 2019 年的同期水平，潜在来华旅游需求空前高涨。根据海外民众一般至少提前 3~6 个月开始预订的消费习惯，这意味着我国入境旅游将在未来一段时间迎来更好的恢复局面。

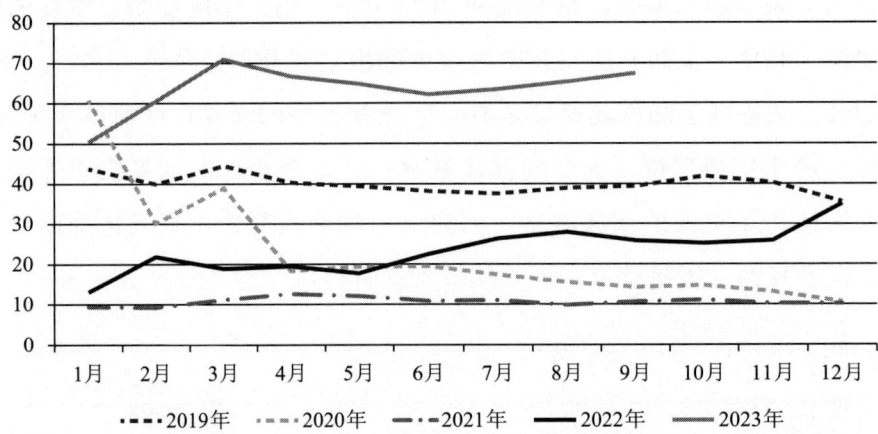

图 2-9　2019 年 1 月—2023 年 9 月海外民众对来华航班和住宿的月均日搜索指数

资料来源：谷歌旅行洞察 Travel Insights with Google。

未来，随着我国国际航线的不断恢复、入境便利度的进一步提升、入境供应链的持续修复以及 2023—2024 年各级旅游目的地及市场主体的积极推广，2024 年我国入境旅游的恢复前景较为乐观。从广义旅游统计来看，初步估计 2024 年外国人入境市场有望恢复到 2019 年的五成左右，港澳台入境市场大概率将实现正增长。

二、入境客源市场需求出现分化倾向

受国际经济及地缘政治因素影响，欧美日韩等传统客源市场来华旅游恢

复较慢;"一带一路"新兴客源市场与我国愈加频繁的经贸合作带来大量商务往来需求,加之疫前这些国家/地区来华旅游市场基数较小,其来华旅游恢复相对较快。相对于新兴经济体,发达经济体民众来华观光休闲度假的比重更高,来华旅游恢复相对较慢。但也要看到,越是在地缘政治紧张的背景下,越要看到民间交往的重要性。旅游作为民间交往的重要方式之一,为国与国之间的政治经贸合作提供了缓冲空间和余地。未来,在重视"一带一路"新兴客源市场潜力的同时,需要加强与传统客源市场之间的民间互动,激发传统客源市场的来华旅游兴趣,加快其来华旅游恢复进程。

1. 传统客源市场来华旅游需求有待被激活

2023年,美欧日韩等传统客源市场(发达经济体)的优势趋于弱化,其民众的来华旅游需求恢复较慢。长期以来,美国一直是我国最主要的远程客源市场。2023年以来,在强势美元、混合办公模式以及被压抑的旅游需求的推动下,美国迎来报复性旅游消费趋势。美国商务部数据显示,2023年1月至7月,美国出境旅游人次超5727万,比2022年同期增长16.5%,接近2019年同期水平(5851万)。在诸多国际旅游目的地中,加拿大和墨西哥的市场占比接近一半(49.4%),其次是欧洲(20.4%),而亚洲地区仅占其出境旅游市场的5.5%。受外交和贸易等多重因素的影响,中美国际航班恢复较慢,美国旅客的来华旅游意愿和热情受到影响。

欧洲旅行委员会(ETC)数据显示,虽然有经济不确定性方面的担忧,但欧洲人仍然渴望旅行,大约72%的欧洲人计划在2023年的4月至9月期间旅行。然而,欧洲的旅行者们更倾向于选择非高峰旅游,以避免高昂的旅行成本。在通货膨胀和旅行成本上涨的影响下,欧洲人来华旅游的量级水平和消费能力均受到制约。

日本国家旅游局(JNTO)数据显示,受日元贬值、收入减少等因素的影响,2023年1月至8月日本出境旅游人次约为571万,不足2019年同期水平的一半(42.87%),其国民出境旅游积极性不高。暑假(7月15日—8月31日)期间日本人热衷的海外旅游目的地的排行榜中,中国台湾高居榜首,欧洲退居第二，韩国排第三位。受中日关系恶化、日本来华免签入境政策仍未恢复等因素的影响，日本旅客的来华旅游需求在短期内难以快速恢复。

2023年8月14日，韩国旅游发展局公布的数据显示，2023年上半年韩国的出境游客数量为993万人次，为2019年同期的66%。另韩国KB金融集团的数据显示，2023年1月1日至5月15日，韩国飞往亚洲的机票预订量最高（81%），其中，日本（52%）、越南（12%）和泰国（10%）是最受韩国游客青睐的旅游目的地，中国仅占3%。

从统计数据来看，疫情之前，39个发达经济体对全球出境旅游市场的贡献持续保持在40%以上（图2-10）。除中国港澳台地区外，欧美日韩等传统客源市场持续是我国重要的入境客源市场，加之这些国家/地区的民众由于消费水平普遍较高，对我国国际旅游收入的贡献也相对更大，传统客源市场依然是我国需要重视的基础市场。

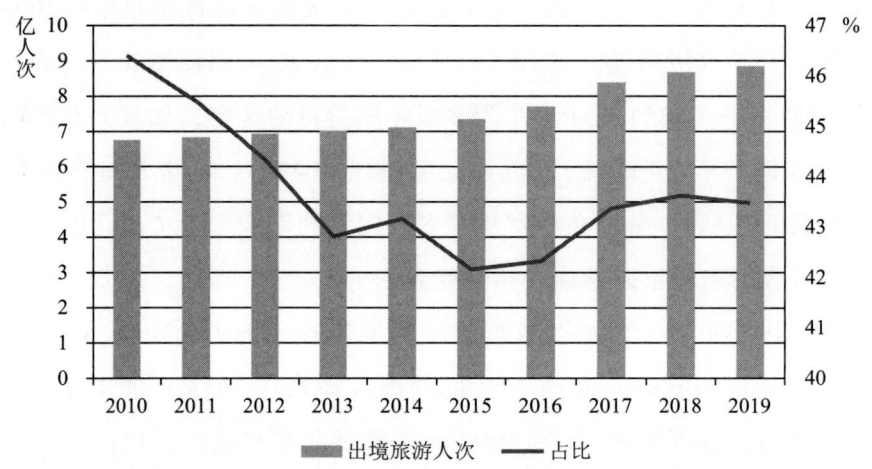

图2-10　2010—2019年发达经济体出境旅游人次及占比情况

资料来源：世界银行数据库。

当前，造成传统客源市场恢复有限的直接原因是严峻的国际关系，尤其是中美、中日、中韩等关系，以及国际经济景气度不佳。其他原因包括：相比于周边旅游目的地，这些国家/地区来华旅游签证不便，接待欧美远程团队业务的旅行服务商需要时间来修复供应链，以及部分国际航线恢复有限，尤其是中美航线恢复水平较低。未来，随着签证便利度的提高，国际航线的进一步恢复以及旅行服务商业务链条的修复，传统入境客源市场或将加速恢复。

2."一带一路"新兴客源市场潜力值得关注

随着"一带一路"倡议的相关合作从"大写意"进入"工笔画"阶段，我国与"一带一路"共建国家[①]的旅游交流合作日益密切，共建国家的来华旅游需求明显增强。近年来，"一带一路"共建国家的出境旅游市场份额逐年递增，且疫情后的出境旅游恢复情况良好，它们作为我国入境旅游的新兴客源市场，有助于扩大我国的国际旅游市场规模。

自2013年我国提出共建"一带一路"倡议以来，由于地缘相近，加之交通基础设施的不断完善，特别是高层互访带动了国家间的信任，我国与"一带一路"共建国家的旅游交往日益密切，合作成效显著，与这些国家的游客往来规模实现倍增。2019年"一带一路"共建国家的来华人数达3813.2万人次，是2013年（903万人次）的4.2倍[②]。

疫情之前，"一带一路"共建国家的出境旅游市场规模呈逐年递增趋势，所占全球出境旅游的比重也持续上升，市场规模潜力值得重视。根据世界银行统计数据（图2-11），"一带一路"共建国家的出境旅游规模从2014年的4.09亿人次逐年递增至2019年的5.37亿人次，占全球出境旅游人数的比重也从2014年的24.8%上升至2019年的26.4%。

[①] 本报告中的"一带一路"共建国家指中国一带一路网公布的国家。
[②] 共建"一带一路"国家 加深文旅交融民心相通, https://www.rmzxb.com.cn/c/2023-10-20/3428934.shtml, 2023.

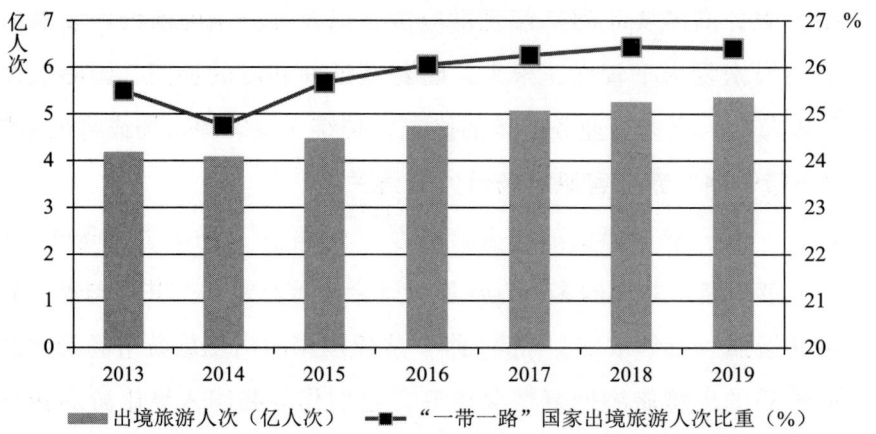

图 2-11 2013—2019 年"一带一路"共建国家出境旅游人次及占比情况

资料来源:世界银行数据库。

随着全球旅游业在疫后强劲复苏,"一带一路"共建国家的出境旅游市场恢复情况良好,其出境旅游市场潜力值得关注。UNWTO 统计数据显示,绝大多数共建国家的出境旅游市场已经恢复甚至超过了 2019 年同期水平。2023 年 6 月,孟加拉国、尼泊尔和塔吉克斯坦的出境旅游需求是 2019 年同期的两倍之多,蒙古、印度尼西亚、越南、土耳其、巴基斯坦、保加利亚、黑山等国家的出境旅游需求也已超过 2019 年的同期水平。携程数据显示,2023 年 1 月至 9 月上旬,"一带一路"共建国家来华的游客数量已恢复至 2019 年同期的 90%。随着第三届"一带一路"国际合作高峰论坛圆满成功,中国与智利、埃塞俄比亚、巴布亚新几内亚、印度尼西亚、泰国、老挝、斯里兰卡、巴基斯坦等部分国家在文化和旅游交流合作方面达成共识,也将进一步加强我国与"一带一路"共建国家的旅游交流与合作。

三、入境游客满意度有待提升

我国入境旅游恢复前期,游客接待过程中难免存在一些不顺畅的环节,致使入境游客对在华旅游服务质量的感知短期内低于疫前水平。

1. 入境游客满意度水平略有下降

相比于2019年，2023年入境游客对我国旅游服务质量的评价略有下降。中国旅游研究院（文化和旅游部数据中心）入境游客满意度专项调查（2023）结果显示，与2019年相比，2023年入境游客对来华旅游性价比、旅游满意度以及重游和推荐意愿均有所下降。如图2-12所示，受访者对"旅游价格是否合理"以及"旅游质量是否与价格相符"的评分分别为7.44分和7.61分，低于2019年的8.24分和8.22分；受访者的"总体满意度"和"与预期相比的满意度"评分分别为7.93分和7.74分，均比2019年下降0.6分；受访者对"未来重游的可能性"以及"推荐给亲朋好友的可能性"的评分分别为8.13分和7.47分，比2019年分别下降了0.28分和0.91分。

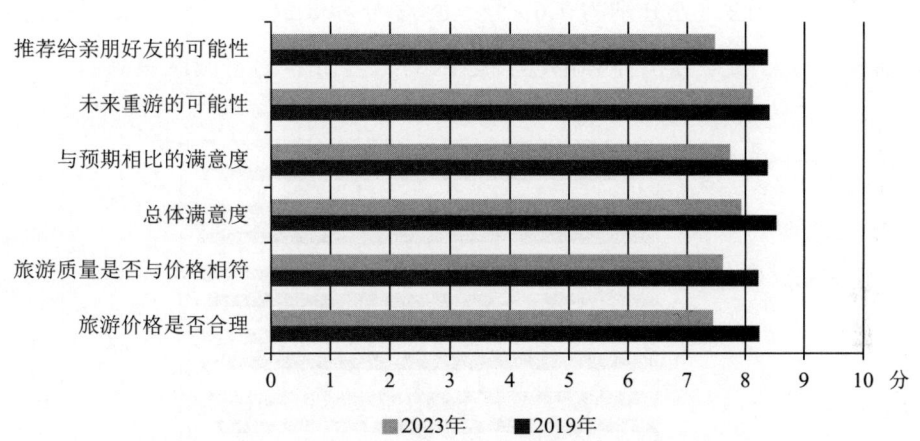

图2-12　2019年和2023年入境游客满意度调查结果

资料来源：中国旅游研究院入境游客满意度专项调查（2019和2023）。

2. 中国港澳台及新兴经济体客源市场的满意度相对较高

相比于发达经济体，来自新兴经济体和中国港澳台地区的入境游客对我国旅游服务质量的评价更高。中国旅游研究院（文化和旅游部数据中心）入境游客满意度专项调查（2023）结果显示（图2-13），来自新兴经济体和中国港澳台地区的受访者对中国旅游性价比、旅游满意度及重游和推荐意愿均高于发达经济体。来自发达经济体、新兴经济体和中国港澳台地区的受访者对"旅游价格是否合理"的评分分别为6.70分、7.99分和7.95分，对"旅游质量是否与价格相符"的评分分别为7.40分、7.71分和8.14分。从游客满意度来看，来自发达经济体、新兴经济体和港澳台地区的受访者的总体满意度评分分别为7.65分、8.11分和8.33分，与预期相比的满意度评分分别为7.55分、7.82分和8.20分，来自不同客源市场的游客对我国入境旅游服务的满意度水平呈分化趋势，来自中国港澳台地区的入境游客满意度最高，来自新兴经济体的入境游客次之，来自发达经济体的入境游客满意度最低。从游客忠诚度来看，来自发达经济体、新兴经济体和中国港澳台地区的受访者对"未来重游的可能性"的评分分别为7.69分、8.44分和8.40分，对"推荐给亲朋好友的可能性"的评分分别为7.65分、8.02分和8.36分，相较来自发达经济体的游客，来自新兴经济体和港澳台地区的入境游客的忠诚度更高。

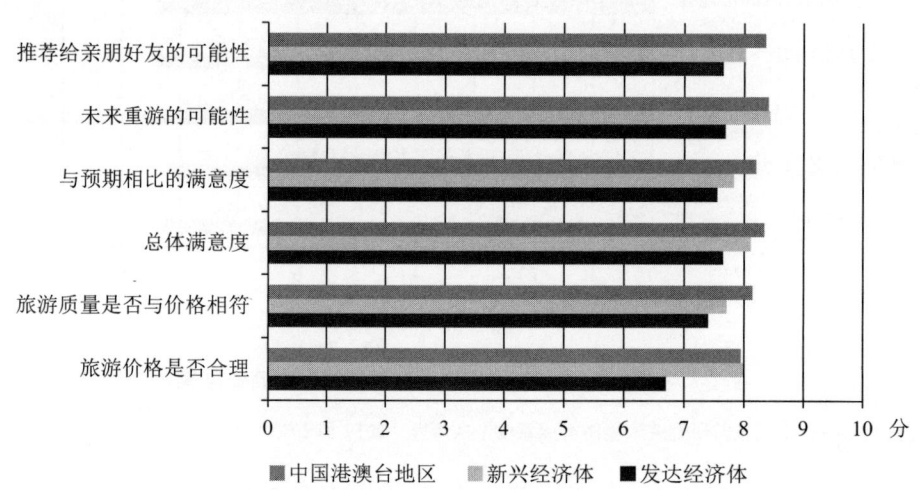

图2-13　2023年不同客源市场的入境游客满意度调查结果

资料来源：中国旅游研究院入境游客满意度专项调查（2023）。

第三章
入境行业生态正在重构

我们面向中国旅游研究院入境旅游案例库的典型旅行服务商，围绕企业入境业务恢复情况、恢复过程中遇到的困难挑战、未来发展计划、恢复预期及诉求等开展了半结构性访谈。基于访谈结果，梳理了当前入境旅行服务商行业的恢复特征以及制约和挑战因素，并结合入境旅行服务商的成功经验对行业未来发展提出建议。

为更方便地区分不同类型入境旅行服务商在业务恢复过程中的差异表现，课题组根据业务组织模式、主营产品、获客方式等，将入境旅行服务商分为三类：包价旅行服务商、平台型旅行服务商和主题定制型旅行服务商。当然，有些旅行服务商在发展战略中可能会向其他类型过渡和延伸，这种情况下可根据为其带来最大竞争优势的业务组织模式来界定它的类型。包价旅行服务商主要指传统入境旅行社，主要通过境外合作伙伴及同行推荐来获客，但也不排除部分入境旅行服务商通过自有网站或者第三方在线平台（社媒、Bookmundi等包价游电商平台等）来获客，他们主要通过B端获客，很少直接与散客联系。平台型旅行服务商又可以分为三类：①品牌平台型旅行服务商，如西安马可孛罗国际旅行社有限责任公司和桂林海纳国际旅行社有限公司及其子品牌Trippest.com等。他们主要通过谷歌搜索导流到自有网站来直接获客，但也不排除有部分客户来自境外合作伙伴及同行推荐，他们既提供包价产品，也提供票务预订等基础项服务和碎片化体验产品；②电商平台型旅行服务商，如国际版携程trip.com以及众多国际旅游电商务平台（Expedia，Booking，Priceline等）。他们主要通过与各类旅游供应商合作，提供全球目的地城市的机票和（或）酒店预订基础项服务，也会提供目的地城市的包价旅游、定制旅游或者碎片化体验等产品；③内容平台型旅行服务商，如专注于中国入境的HiChina Travel以及国际在线旅游社区TripAdvisor。他们通过入境游客的UGC+专业编辑PGC进行旅行资讯分享来获得客流，并在平台上链接或者上架由第三方提供的住宿/机票等基础项产品预订或者碎片化服务。入境旅行服务商的最后一类为主题定制型旅行服务商，他们的规模一般很小，主要提供短时间（半天或者一天）内的某一/几个主题性的文化体验项目，一般直接服务于散客，通过自有网站或者TripAdvisor以及社媒来获客，服务的游客团队一般为散拼团，客人数量往往比较少，甚至是一对一。

一、行业正在积极恢复

入境旅行服务商的业务恢复与客源市场恢复整体态势保持一致，近程客源市场业务的恢复快于远程客源市场，商务旅行接待业务的恢复快于观光休闲市场。从不同的入境旅行服务商的类型来看，由于平台型和主题定制型入境旅行服务商更多地服务于需求更具刚性，因商务、留学、探亲、工作等来华旅行的入境游客，他们的业务恢复也就快于包价旅行服务商。很多入境旅行服务商在疫情期间保持探索并进行业务调整，他们的恢复情况及对未来的预期更加乐观。从宏观层面而言，虽然疫情三年入境业务几乎归零，但不断成熟和升级的国内旅游产品，尤其是本地深度体验产品也为入境旅游产品研发提供借鉴，甚至很多产品可以直接同时服务于国内和入境游客。

1. 业务恢复步调不一

来自近程市场的入境接待业务恢复相对较快。近程市场由于距离更近，交通成本较低，加之航线恢复相对较快，机票价格被进一步拉低，近程客源市场的恢复自然快于远程市场。有包价旅行服务商表示2023年游客接待量最高的客源市场是中国香港和俄罗斯。此外，有平台型入境旅行服务商表示用户主要来自中国港澳、日韩和东南亚等近程市场。

需求更具刚性的商务旅行及游学业务恢复更快。虽然入境旅游在3月底重启，但一段时期内仍受限于核酸检测、高价机票、入境手续不便等因素，需求更具刚性，签证更加便利的商务游客率先来华。有多个旅行服务商预计，与疫情前相比，商务市场在2023年将恢复三四成，商务游客占所接待游客整体数量的比重明显提高。旅行服务商还表示，游学市场恢复较为迅速，其中以来自中国港澳地区的游学为主，港澳游学接待从疫情期间的线上快速回归到线下。此外，游学群体还包括研究中国或者东亚文化的教师，他们对中国文化有较高的认知，来华意愿较高。有旅行商表示疫前和疫情期间一直与这类境外教育机构保持联系，入境重启后，这些机构的教师成为其第一批接待的入境游客。

相比之下，观光休闲市场的业务恢复则要缓慢许多，对于欧美远程观光市场而言更是如此。很多包价旅行服务商表示欧美跟团旅行市场的恢复甚至不足一成，除了航线恢复较慢，机票价格较高外，还与该市场的出游习惯直接相关。欧美游客一般在年底或年初决定未来一年出游的目的地，而我国入境旅游重启的时间在2023年3月底，错过了这一旅行决策时间。这些包价旅行服务商更多地将2023年视为准备年，聚焦于境外中国旅游产品营销、与境外合作伙伴进行产品更新和上架、接受外方询价和预订等工作，为2024年的团队接待工作积极筹备。乐观情况下，预计欧美团队接待业务将在2024年恢复到三四成。

提供基础项服务（票务预订、签证等）和碎片化体验的旅行服务商的恢复情况要好于包价旅行服务商。这种恢复程度的差异主要在于前者的主要用户为需求更具刚性的商务游客和在华外国人。与商务市场的恢复程度类似，平台型旅行服务平台商（如携程、Expedia、HiChina Travel等）以及提供碎片化体验服务的主题定制型入境旅行服务商（如Lost Plate等）的业务恢复到疫情前的两成左右。其中，电商平台型旅行服务商的恢复情况最好，恢复到三四成，个别平台基于（有效）用户扩张带来的订单量甚至已经超过2019年的水平。他们对2024年的恢复预期也更加乐观，预计业务量可恢复到疫情前的一半以上。

2. 疫情期间的坚持和努力带来回报

线上维系转化为线下业务。受疫情影响，入境旅行服务商在过去三年里几乎没有业务，但很多服务商持续通过数字工具与潜在用户和合作伙伴保持紧密联系，在线进行信息更新和种草，这种线上维系在2023年入境重启后为他们快速带来线下业务。HiChina Travel通过自有Facebook账号持续与潜在用户分享中国及中国旅游的最新情况，与潜在用户持续保持联系，在入境重启后，业务得以快速回归，入境订单量得以超过疫前水平。西安卓恒国旅通过开展虚拟旅游（Virtual Tour）与已有合作伙伴保持密切沟通，入境重启后迅速与这些合作伙伴开展境外营销，为之后的业务落地重新搭建供应链。类似地，Trippest也基于虚拟旅游向潜在用户分享成都大熊猫繁育研究基地、北京长城等地的旅游实况，来维系用户和品牌影响力。专注于文化及独特体验服务的成都极自游国旅则在疫情期间发力于社交媒体的应用，在主流社交媒体上进行产品和品牌宣传，与潜在合作方建立联系，入境重启后通过线下接洽发展为新的境外合作伙伴，带来新的业务。

通过业务调整来维系和扩展用户群。疫情期间很多入境旅行服务商不得不尝试开展其他业务，尽可能地增加企业现金流，以帮助企业度过至暗时刻，同时，这些业务的客户大都在入境重启后成为企业主营业务的忠实用户。HiChina Travel在疫情期间持续与潜在用户保持密切联系，并根据用户反馈，不仅向在华外国人和入境游客提供机票预订、国内行程安排等旅行服务，还提供核酸检测协助、疫苗认证甚至购物、快递等综合管家服务等非常规服务。企业在疫情期间服务的很多用户在疫后成为企业的回头客，并乐于向身边人进行推荐。Lost Plate疫情期间面向在华外国人推出美食主题的长线旅游，疫后很多这部分用户成为其碎片化美食体验产品的新增用户。Trippest在疫情期间为跨国企业开展"线上团建"，为全球范围内的员工搭建在线文化交流平台，向他们提供在线文化体验项目和活动，帮助这些企业提升团队凝聚力，疫后这部分企业用户成为企业的重要客户，并促使企业开启在东南亚的旅行业务。

3. 国内产品赋能入境旅游发展

国内深度文化体验产品易转化为入境旅游产品。疫情管控期间，市场主体聚焦于本地游的挖掘，形成如城市漫步、主题街区、户外露营、乡村民宿等文旅深度体验产品及空间场景，体验中的中国文化元素更加突出，文化体验更具深度，国内旅游的提质升级正在并将进一步赋能入境旅游发展。事实上，上海春秋国旅已经将疫情期间研发的本地微旅游产品翻译成外语，转化成新的入境旅游产品。疫情期间成立的京骑文化聚焦于入境游客非常熟悉的骑行产品，在满足国内游客深度文化体验的同时，2023年迎来了更多的入境游客；京骑文化还基于已有的文化主题内容开发了城市漫步产品，预计2024年入境游客接待量将翻倍，入境游客将取代国内游客成为企业的核心用户群体。

二、业务恢复面临新的挑战与制约

当前及未来一段时期内，入境旅行服务商自身面临着供应链重构、业务回归顾虑及新技术应用等方面的挑战；来华入境可进入性和在华旅行便利度不高以及国内旅游市场的挤出等是入境旅行服务商面临的主要外部制约因素。

1. 旅游供应链恢复需要时间

由于西方媒体对中国不客观的抹黑、负面报道，很多日韩及欧美游客对来华旅行依然持谨慎态度，加之2022年就开始重启入境的周边亚洲国家在2023年积极开展各类促销，对来华旅行市场形成挤压，传统包价旅行服务商普遍表示，很多境外组团社2023年没有售卖来华旅行线路的计划，甚至有旅行商发现之前合作的境外组团社里，有一半停掉了中国业务，这也是2023年欧美长线团队市场恢复较慢的主要原因。从国内目的地接待层面来看，原有住宿、餐饮等合作供应商可能出现业主更换、停业等情况，入境旅行服务商必须重新对接以及洽谈新的合作供应商。此外，合作供应商的价格普遍上涨，很多住宿商和餐饮商将精力放在接待国内散客上，无暇顾及三年之后回归的入境团散客。由于疫情期间无业可就，包括导游在内的很多入境从业服务人员流失，在入境旅游恢复初期导游费用被大幅抬高。对于很多入境旅行服务商，尤其是包价旅行服务商而言，2023年是恢复和重建供应链的一年，未来两年有望迎来更多业务。

2. 部分已经离场者短期内恐难再回来

疫情三年里，部分入境旅行服务商和个人通过转变目标市场甚至行业实现了生存和发展。在入境旅游业务收入稳定性不高的恢复初期，他们并不愿意回归，或者要等入境旅游具备更多有利发展条件，向好前景确定后才考虑重新回归。深圳沃亚信息技术有限责任公司在疫情前是服务于会展和商务客人的品牌平台型入境旅行服务商，他们为入境游客提供碎片化的文化体验产品。疫情期间企业开始转向服务国内企业的各类会议（年会、庆典、发布会等）和团建活动，企业主营业务发生改变，入境游客接待成为辅助业务。在当前入境旅游目的地接待便利度不高的情况下，企业短期内将继续维持当前业务结构。不少旅行服务商反映，很多疫情期间离开行业并转行的从业人员在近期回归的可能性也不高，加之社会民众对疫情影响下旅游行业不稳定和不确定性较强的感知，当前及未来一段时期内招收新员工也比较困难。

3. AI技术应用对企业数字化提出更高要求

2022年，ChatGPT等生成式AI面向广大网络用户开放后获得强烈反响，生成式AI成为人工智能领域的焦点话题。ChatGPT的日活用户迅速突破千万，很多入境旅行服务商也已经在日常业务中开始更多地使用AI工具。事实上，很多应用性很强且适合入境旅行服务商的AI工具，在提高企业运营效率的同时，也能通过积累和学习企业运营数据，帮助企业有效提升业绩。有旅行服务商表示，境外很多服务领域企业已经投入应用很多低成本的AI工具，例如有一款AI工具可以通过学习与某一潜在用户的沟通数据，来识别用户的阅读偏好，进而帮助企业在面向该客户沟通时优化邮件书写表达内容和方式，提高邮件的回复率和多次沟通的可能性，最终提升交易达成率。

4. 较低的可进入性和便利度限制业务规模

从可进入性来看，虽然签证手续在简化，国际航线航班量在增加，但近期相比周边国家而言，我国入境的可进入性还有待提升。有旅行商表示，目前欧洲游客来华的机票费用依然较高,且签证费用高,144小时过境免签在实际落地过程中有很多不便。另外,由于住宿企业的外宾接待资质限制,很多中小城市住宿较困难,降低了多数小众目的地的可进入性,也构成了广大入境散客在华深度游览和体验的制约因素之一。

在目的地便利度方面,疫情期间,景区在做预约机制设置时没有考虑未来回归的入境游客的需要,导致与疫情前相比,入境游客预约到访景区变得不便,甚至困难。多个包价旅行服务商表示,需要耗费大量人力来预约抢购景区票,尤其是热门景区的门票。伴随中国数字化进程的加快,对于国内居民而言无比便利的支付、打车、点餐等数字工具,对于来华不跟团的入境散客而言却显得更加不便。多个入境旅行商表示,入境散客在华打车成了一个大问题,不使用手机 App 预约很难打到出租车。中国大部分地区已经实现无纸币支付,除了国际连锁商场和酒店等大型消费场所外,众多小微消费场所不接受国际信用卡,现金无法找零,导致日常消费不便。虽然微信和支付宝在 2023 年开始支持和推广境外绑定国际信用卡服务,但旅行服务商表示,他们的用户对此知之甚少,对如何在中国开启数字支付的具体流程不甚了解。这些导致广大散客在华旅行不便的因素直接影响到企业潜在的用户规模。

5. 国内旅游短期内形成挤出效应

国内旅游在过去几年的快速发展是把双刃剑,产品创新和目的地升级虽为入境旅游提供了新产品和空间场景,但也给入境旅游带来了一定程度上的挤出。有旅行服务商表示,虽然国内出现很多新的爆火的旅游目的地和景区景点,且这些地方的接待设施、公共服务及体验内容较完善,但考虑到国内游客的高密度到访带来的拥挤而无法将其纳入入境旅行线路或者推荐给入境游客,客观上限制了入境游客对中国更广泛、小众旅游目的地的探索和中国旅游产品的丰富度。但长期来看,伴随国内旅游的持续升级以及各目的地服务质量的普遍提升,这一现象将得到改善。

三、恢复中的战略思考与重构

在入境旅行服务商恢复的过程中，需要有从零开始的耐心来重构和稳定业务体系。面向未来，不断提升产品性价比，加强与同行之间的产品共研和用户共享，并持续积极拥抱数字化。

1. 抱有从零开始的耐心重构业务体系

许多入境旅行服务商在疫情期间不得不进行转型，调整他们的业务内容和运营模式以适应新的用户需求。他们拥有较强的适应能力，愿意在逆境中不断探索尝试。疫情后，他们的适应力和耐性得到回报，但流失的客户也意味着入境旅行服务商需要投入时间、资金和人力来重构业务链条。对外，他们要重新与原有的境外合作伙伴建立联系，并发展新的合作伙伴，对外传递最新的来华旅行信息，更新旅游产品和服务，开展促销活动，吸引老客户回归。对内，他们要结合疫情期间的创新产品和体验内容，迭代原有的产品和服务，研发新产品，重新搭建起稳固的业务体系。京骑文化将疫情期间孵化的骑行产品根据入境游客需求进行调整，开始服务入境市场；Trippest在疫情之后开展东南亚地区的跨境业务；成都极自游国旅与境外合作者一起研发并推广徒步旅行产品。

2. 坚持长期主义的性价比提升

国际政治和经济环境纷繁多变，全球经济复苏依然缓慢且面临不确定性，根据世界货币基金组织的最新预测①，2023年和2024年的全球经济增速将从2022年的3.5%分别降至3.0%和2.9%，远低于2000—2019年的平均水平（3.8%）。在这种经济背景下，国际旅游市场需求也将更加重视性价比。很多入境旅行服务商反映，在疫情前的一段时间里，相较于日韩和东南亚周边的旅游目的地，我国入境旅游产品的价格在上升，性价比在下降。在周边国家获得先发优势，国内住宿、餐饮及人力价格进一步上涨的当下，未来在呼吁

---

① 全球复苏依然缓慢，地区分化不断加剧，政策失误几无余地. https://www.imf.org/zh/Publications/WEO/Issues/2023/10/10/world-economic-outlook-october-2023.

国家进一步提升和改善入境可进入性和在华旅行便利度的基础上，入境旅行服务商要从长规划，通过提高产品性价比来吸引更多计划来亚洲旅行的国际游客选择到访中国。

性价比无非是从成本和品质两个维度来着手。一方面，在国家未来放开住宿外宾接待限制后，积极研发在一、二线城市郊区及三、四、五线小城市及乡村地区的低成本旅行观光产品，通过压低成本提高性价比，服务于国际上的下沉市场；另一方面，通过研发深度融合文化元素的体验类产品，如中医药保健、文化遗产体验、户外探险等深度体验型产品，并提高服务质量来提升产品品质，提高性价比，为中高端入境游客提供独特体验。

3. 积极融入行业分工协作体系

疫后的全球游客依然追求旅行中的独特体验，未来伴随中国入境可进入性以及在华旅行便利度的提升，除了年龄较大的团队游客外，还将吸引更多散客，尤其是来自周边地区的散客来华旅行，这将促使更多服务于此客群的主题定制型旅行服务商入场，传统包价旅行服务商正在也将进一步增加和更新线路中的体验项目和活动，甚至会有更多包价旅行服务商专注于中高端的主题性产品的研发和定制。在此背景下，各类旅行服务商将进一步加强分工协作。事实上，疫情前部分包价旅行就已与主题定制型旅行服务商进行业务合作，将部分碎片化体验纳入线路产品以提升整个团队游客的体验感。Lost Plate 及京骑文化等主题定制型旅行服务商正在通过这一方式来开展部分业务。平台旅行服务商也将进一步强化与包价旅行服务及主题定制型旅行服务商的合作，有条件者已经或将组建和拓展产品研发和运营团队，并与第三方合作来提供定制或者碎片化的旅行服务（图 3-1）。

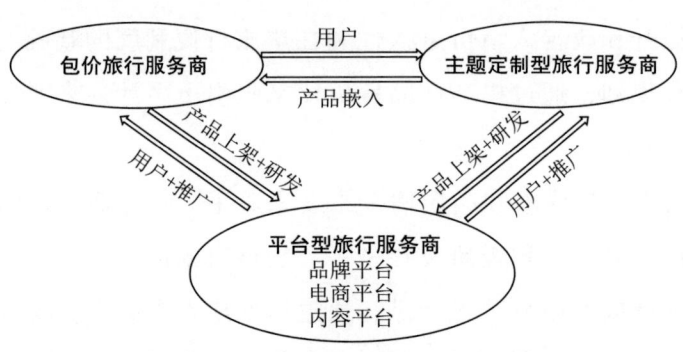

图 3-1　入境旅行服务商合作生态

4. 持续拥抱数字化

疫情客观上加速了全社会各行各业的数字化进程，对入境旅行服务商而言，数字化转型首先是基于业务实际需要应用数字技术和工具，利用数字技术和工具来提高组织效率，更多地触达潜在用户，并鼓励用户在线上更多地评论和曝光其产品和服务，为旅行服务商形成在线口碑积累，逐步提升品牌知名度。对于包价旅行服务商而言，在获客阶段很少直接接触C端客户，可充分利用LinkedIn、Facebook等社媒平台，与潜在合作伙伴建立联系，尤其是在参加国际旅游展会、交易会之前，可借助社交媒体事先与潜在合作商建立线上联系，进行初步沟通，可极大地提升后续在线下洽谈后的合作概率。此外，包价旅行服务商定期在社交媒体更新自己的产品和业务特色内容，也将吸引潜在合作商主动与其建立联系，为后续线下合作做好铺垫。对于众多服务于更加年轻群体的主题定制型旅行服务商而言也是如此，除了通过TripAdvisor获客外，也可以通过社媒联系潜在用户，并通过促销活动增加他们对企业产品和服务的反馈和评价，不断积累口碑。对于数字化基因本就很强的平台型旅行服务商而言，要积极探索最新数字技术和工具，如生成式AI等的应用，引领入境旅行服务业的数字化进程。

第四章
目的地的文化体验和美好生活再升级

第四章　目的地的文化体验和美好生活再升级
Chapter IV　Elevated Cultural Experiences and Quality of Life in Destinations

从入境游客需求来看，中国文化和美好生活体验是打造中国旅游目的地吸引力和竞争力的核心要素。从目的地供给层面来看，中国文化在海外的代表性符号和元素不断拓展，不断升级的国内文旅产品、条件持续改善的乡村旅游目的地以及便利的中国式消费也能够为入境游客共享。未来聚焦于文化体验性和异地生活感的塑造，需要在产品升级、场景打造、线路设计等方面持续增强中国作为文化旅游目的地的魅力，提升目的地旅行便利度，并将入境游客的休闲生活空间从城市延展至乡村。在对外推广工作上，联合旅行服务商开展中国旅游基础信息的深度推广，以吸引更多散客到访；同时着重推广中国文化体验产品和线路，提升中国文化旅游目的地的形象和国际影响力。

一、中国文化和美好生活体验构成的核心吸引力

无论是从到访目的还是参与体验的主要活动和内容来看，中国文化和美好生活体验都是吸引入境游客来华的核心要素。大量入境游客将体验中国文化作为来华旅行目的，美食、医疗保健、购物等构成的美好生活也是来华游客的主要体验内容。

1. 体验中国文化是游客来华的主要目的

中国作为文明古国，在国际游客眼中自然是一个文化气质突出的旅游目的地。来华旅行的主要目的之一就是体验博大精深的中国文化。中国旅游研究院入境游客满意度专项调查（2023）显示（见图4-1），除了观光、休闲度假这种基础性的旅游目的外，超过6成的受访者将体验中国文化作为来华旅行的主要目的。从具体参与的项目和内容来看（见图4-2），除了参观承载着中国传统文化的自然风光（58.7%）和历史遗迹（51.3%）外，有一半

（50.0%）的受访者表示参与过或者计划开展文化艺术体验活动，超过 4 成（43.2%）的受访者在华体验美食，无论是文化艺术体验还是美食都是中国传统和当代文化的载体。

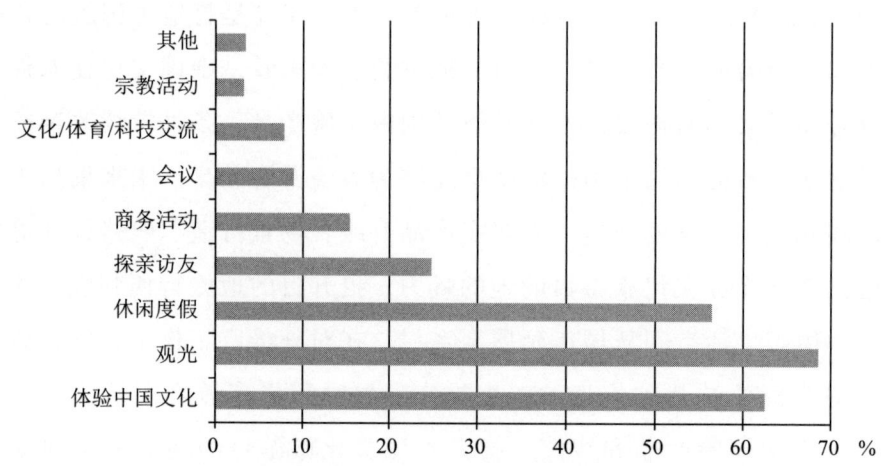

图 4-1　入境游客来华主要目的

资料来源：中国旅游研究院入境游客满意度专项调查（2023）。

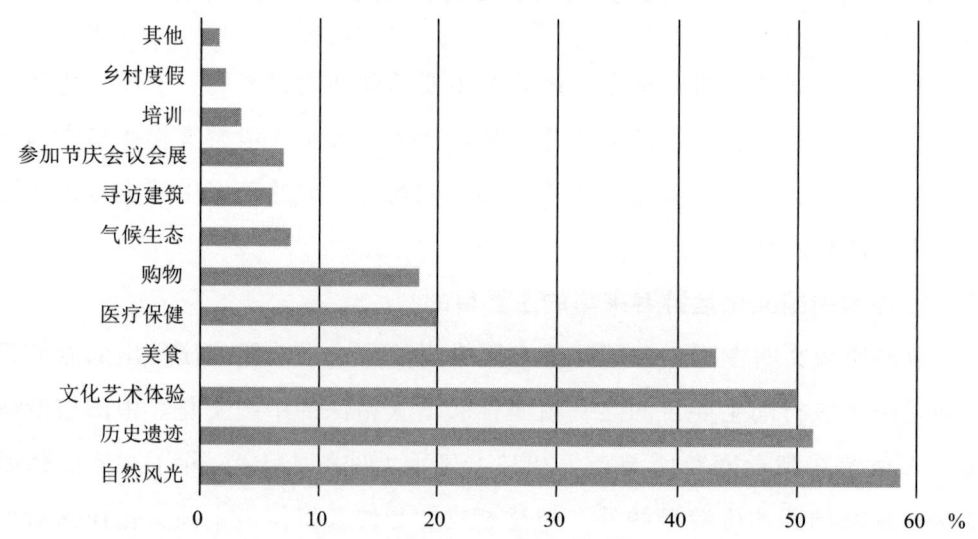

图 4-2　入境游客在华体验的主要项目和内容

资料来源：中国旅游研究院入境游客满意度专项调查（2023）。

2. 美好生活正在成为入境旅游发展的新动能

根据 Skift Research 对 2023 年旅游发展现状的研究，追求体验依然是全球游客消费的主要趋势之一[①]。除了文化体验外，本地生活体验也是入境游客在华旅行的主要内容。伴随我国经济发展水平的不断提升，旅游接待设施和公共服务持续完善，加之，有关中国和中国人民日常生活的信息经自媒体广泛传递，来华入境游客除了欣赏大好河山的自然之美，感知和学习历史文化遗产折射出的中华文明外，越来越愿意甚至渴望跳出以景区为主的"玻璃罩"，从风景走入生活，进入目的地居民的休闲场所和日常生活空间，感受和体验不一样的当地生活。

根据中国旅游研究院入境游客满意度专项调查（见图 4-2），除了自然风光和历史遗迹外，美食（43.2%）、医疗保健（20.0%）和购物（18.5%）也是入境游客在华体验较多的项目。这些体验项目的参与意味着入境游客更多地进入了当地居民的日常休闲和生活空间。事实上，北京三里屯休闲娱乐的外国人、成都宽窄巷子里"呼哧呼哧"吃火锅的外国人、穿着汉服在西湖边拍照的外国人，以及骑着单车穿梭于北京胡同的外国人，还有在义乌小商品市场、杭州"四季青"笨拙砍价的外国人，背着行囊徒步贡嘎、青年旅舍里彻夜狂欢的外国人，都是入境游客在华体验美好生活的真实写照。可以说，美好生活正在构成入境游客来华旅行的吸引力要素，成为入境旅游发展的新动能。

二、厚积待发的中国旅游目的地

过去三年，入境旅游虽进入了停滞期，但伴随中国文化的海外传播，培养了一批中国文化爱好者，他们是最具来华旅游意愿的群体。在目的地层面，文旅深度融合将进一步丰富可供入境游客体验的文旅场景和内容；包括中小

---

① Skift Research.State of Travel 2023［R］.https：//skift.com/insight/state-of-travel/.

城市和乡村在内的目的地接待条件的持续完善，将进一步拓展入境游客可到访的空间；未来，伴随技术壁垒的逐步消失，入境游客在华期间有望可像当地人一样享受数字化，典型如移动支付带来的便利生活。

1. 中国文化海外传播吸引"粉丝"入境

伴随海外对中国文化的了解进一步加深，境外中国文化爱好者正在成为我国入境旅游的忠实群体。党的十八大以来，中国特色社会主义和中国梦深入人心，社会主义核心价值观和中华优秀传统文化广泛弘扬，文化自信得到彰显，国家文化软实力和中华文化影响力持续提升，中国传统优秀文化和先进文化在全球的影响力正在增强。随着饱含中国文化符号和内容的影视、游戏、网文、视频等在海外出圈，海外民众对中国的认知从功夫、熊猫、龙等扩展到汉服、仙侠、田园生活等传统文化和国潮文化。与之相关的文化体验活动和产品服务为国内游客所追捧的同时，也正在进入入境游客的视线。有旅行服务商表示，已经感受到这种海外中国文化传播所带来的入境游客需求变化——他们2023年接待的第一个入境游客，是一个来自美国的小伙，竟主动提出要穿上中国的古代服装，像侠客一样在中国地标建筑前拍照打卡。相信这样的需求，不是个例，在未来，还会有更多类似的文化爱好者来华旅行体验，也将催生更多旅行服务商提供此类个性化的文化体验产品和服务。

2. 文旅融合赋能旅游发展

文旅融合新产品新场景为入境旅游体验提供更多选择。在全面建成小康社会的时代背景下，文化引领的美好生活特征越来越明显，文化和旅游融合成效越来越显著。疫情期间各目的地持续推出富有文化底蕴的旅游体验项目和活动，极大地丰富了入境游客可体验的文旅场景和内容。深圳自2020年开始每年冬季举办光影艺术季，在全市各区公共空间、商圈、街区、景区等场所展出来自多个国家及地区的光影艺术作品。除了光影艺术作品展，还开展了丰富的光影配套活动和商业联动活动，通过艺术作品激活城市文化体验、休闲娱乐和消费空间。此外，深圳还打造了以"节日文化"为核心的公共文化街区——深圳节日大道，通过各类节日文化庆典活动充分激活街区公共空间，打造深圳街区文化名片和打卡新地标。杭州奇妙夜文旅集市（Amazing Night）自2021年开始已举办三届，最新一届集市在德寿宫、杭州市方志馆、清河坊鼓楼小广场、杭州博物馆和吴山广场举办，推出宫灯夜游、宋瓷鉴赏、宋宴品尝、焚香斗茶等宋韵文化体验，将传统文化融入现代生活。这些文化体验、休闲娱乐和消费场景、空间为旅游目的地增添了文化厚度和温度，在吸引国内游客的同时，对潜在入境游客同样具有较强的吸引力。

3. 各级目的地接待条件持续改善

满足国内民众美好生活需要的载体、场景和空间也在持续改善着入境旅游目的地的接待环境。伴随我国经济社会各方面的发展日新月异，昔日心心念念的丰裕美好生活已经成为国人的生活常态。对于北上广深等一线城市和重庆、成都、武汉、杭州、宁波、郑州、天津等国家中心城市，他们的基础设施、公共文化、经济发展和人民生活水平已经接近发达国家平均水平。除了科技、教育和医疗等软性资源外，三、四、五线城市的硬件设施和日常生活便利度水平已与大城市差别不大，而且没有拥堵、污染、高物价等"大城市病"，小城人民往往有着较低的生活成本和工作压力，他们的主观幸福感更强，加之良好的生态环境和慢节奏的生活，让一批小城成为热门旅游目的地。美丽乡村、新农村建设让乡村目的地的基础设施持续完善，甚至部分乡村地区的基础设施和日常生活已与城市相差无几。从大城市到小城市再到乡村，伴随各级旅游目的地接待条件的持续完善和升级，来华入境游客可以感受大城市的热闹与繁华，也可以在中小城市体验闲适慢生活，还可以到乡村地区感受中国的田园生活，入境游客在华旅行的潜在空间进一步拓展。

4. 数字化便利生活可为入境游客所共享

党的十八大以来，我国持续推动互联网、大数据、人工智能等技术与我国经济深度融合。我国数字经济规模在2022年达50.2万亿人民币，占GDP的比重超过40%[①]。在数字中国战略下，数字技术和产品已经融入经济社会发

[①] 2022年我国数字经济规模达50.2万亿元. 中国政府网（www.gov.cn）.

展的方方面面，深刻地改变了我国民众的日常生活方式，生活在中国的外国民众无不感叹网购和移动支付给生活带来的便利。在 2018 出版的《促销》一书中，作者罗迪·穆林（英国的营销专家）表示欧洲人认为中国的扫码支付方式很酷，他们把这称为"中国式消费"，目前在西班牙、英国、意大利等地方也已出现手机扫码支付的消费方式。2023 年 7 月以来，支付宝、微信支付全面开放绑定境外信用卡（如 Visa、Mastercard、Diners Club 等），且单笔在 200 元以下免收手续费；支付宝接入了马来西亚电子钱包 Touch'n Go，该钱包的用户可在显示支付宝二维码的地方进行跨境支付，解决了马来西亚入境游客在华购物、打车、点餐等日常生活需求。未来，随着移动支付等技术壁垒的逐步消失，入境游客在华的生活便利度将进一步提升。

三、文化体验性与异地生活感的打造

在国际社会上，中国作为文化旅游目的地已具备一定的受众基础。未来，可通过相应的产品升级、场景打造、线路设计等继续强化中国文化旅游目的地的形象和魅力。除了来华体验独特的文化，越来越多的入境游客进入目的地居民的休闲场所和日常生活空间，感受和体验不一样的中国本土生活方式。未来，可在休闲生活空间进入便利度和新空间拓展上做文章。

1. 持续强化中国旅游目的地的文化魅力

考虑到中国作为文化旅游目的地的独特魅力及来华入境游客体验中国文化的较强诉求，未来，我国需以更便于入境游客体验的方式，持续提升入境旅游产品、场景及线路的文化体验性，吸引更多对中国文化感兴趣的海外民众来华旅行，由此来进一步强化中国旅游目的地的文化魅力。具体到可优先开展的工作，在产品方面，建议未来首先提升主要博物馆的讲解服务质量；在场景上，建议筛选一批面向国际游客的古建住宿（Chinese Architecture Hospitality，CAH）进行示范；在旅行线路上，建议联合特色旅行服务运营商推出"别样发现"旅行线路，在丰富中国旅游目的地文化内涵的同时，提升国际社会对中国作为高品质旅游目的地的形象感知。

　　优化针对海外访客的博物馆讲解服务。博物馆承载着国家文化的宝贵遗产，通过展示文物、文化交流和教育功能，传播着国家的历史、价值观和艺术特色。它不仅是文化的守护者，也是连接过去与未来、促进文化多样性和国际交流的重要场所，展现着国家的形象与文化魅力。除了直接建立在历史文化建筑、遗迹之上的故宫博物院和秦始皇陵兵马俑博物馆外，我国大量博物馆对入境游客的吸引力还不够。在国际主流旅游评论平台 TripAdvisor 网站上，从海外民众对我国主要博物馆的外语评论量和内容来看，不难发现我国博物馆接待的入境游客量和服务质量均有待提升，博物馆在促进文化多样性和国际交流，展现国际形象和文化魅力方面还有很大提升空间。以中国国家博物馆为例，很多海外评论者表示可以在此了解中国历史文化，但博物馆还存在语言障碍等明显的问题。建议有条件的博物馆提供多语言讲解预约服务，建立志愿讲解人才培养和储备机制。具体而言，可在博物馆研究人员的培训和指导下培养一批社会志愿讲解员，积极吸纳有外语基础的学生、导游等社会人员参与培训，并在培训期满合格后定期开展志愿讲解；吸引科研机构的文化艺术、历史、考古等相应领域的专家、学者、研究生，以及研究中国文化的外国学者、留学生等进入志愿讲解服务体系，提供培训或者志愿服务；在培训和讲解内容上，在了解受众文化的基础上做到听者友好，以中外文明互鉴为原则，让海外民众在博物馆就能直观感受到不同文明之间的互鉴和互促。

　　将住宿空间打造为面向国际市场的文化体验场景。除了探亲访友的游客外，提供住宿的酒店、度假村、民宿等构成了游客在目的地停留的主要空间，除了提供住宿服务之外，很多酒店还提供康养保健以及休闲娱乐活动，很多度假酒店还提供各类文化艺术活动。可以说，住宿空间构成了国际游客体验目的地文化的重要场景。为此，韩国推出了"面向国际游客的韩屋"，并将其作为一类单独的住宿企业来统计；我国"十四五"旅游发展规划提出要建设富有文化底蕴的世界级旅游度假区。未来，可更多地基于住宿空间来塑造面向国际市场的文化体验场景。建议允许和鼓励原本用于居民居住的建筑类文化遗产及遗迹修旧如旧,进行住宿、休闲娱乐等业态的开发,并筛选一批可面向国际市场的古建住宿(CAH)进行示范。这一建议主要考虑到常年无人居住的古建非常容易破败,甚至毁坏,或者需要高额的维护费用。从世界经验来看,19 世纪的弗里曼特尔(Fremantle)女子监狱,作为一座世界文化遗产建筑,通过将监狱牢房改造为可供访客居住的青年旅馆,成为澳大利亚最独特的住宿场所之一,不仅使古老的建筑空间重新焕发活力,避免破败,住宿收益还为建筑维护提供了资金保障,实现了文化遗产保护和利用双重效益。事实上,我国已经存在一批依托土楼、胡同、弄堂等具有中国建筑特色的酒店、民宿等,但大部分在接待品质、文化特色氛围、文化体验活动等方面还有很大提升空间,还无法被称为面向国际市场的古建住宿(CAH)。未来,可由政府部门联合研究机构在充分调研的基础上,评选推出一批可面向国际市场的古建住宿。

推出一批文化体验性突出的旅游线路产品。旅行服务商早已意识到行程中文化体验的重要性,即使在传统观光行程中也增加了参与感和互动感更强的体验项目,如美食烹饪课程、非遗手工、居民家做客等。很多旅行商还推出了主题性很强的长线和短线(碎片化)产品,如成都极自由国旅推出的沙漠之行,北京京骑文化的文化主题性骑行线路,Lost Plate 推出的精品美食之旅等。建议文旅部门联合经营这些主题性线路的旅行服务运营商,推出"别样发现"旅行线路。在丰富中国文化的旅游载体,提升中国旅游目的地文化内涵的同时,增强国际民众对中国作为高品质旅游目的地的感知。

2. 提升和拓展国际游客的异地生活便利度和空间

为便于国际游客在华更好地体验不一样的中国生活,一方面要继续提升在华旅行便利度,解决"数字鸿沟"问题;另一方面,进一步拓展国际游客在华可体验的异地生活空间,从城市到乡村,推出一批面向国际游客的乡村旅游目的地。

提升国际游客进入目的地休闲生活空间的便利度。提升针对国际游客的文化和旅游公共服务，逐步打通商业环境、文化消费和生活场景，便利国际游客进入主客共享的目的地休闲生活空间。伴随移动终端的普及和移动互联网的覆盖，我国居民几乎通过一部手机就可以解决大多数日常生活需要。但对于来华短暂停留的入境游客而言，依然面临线上预约、支付不便等问题，与我国居民之间存在"数字鸿沟"。建议未来在持续提高移动支付便利度的同时，为入境游客提供其习惯的信用卡、现金支付及线下购票等"非数字化"方案，系统地服务包括入境游客在内的"数字弱势群体"。

面向国际市场推出一批乡村旅游度假目的地。伴随乡村地区旅游接待基础设施的不断完善，很多乡村在接待国内游客的同时，也构成了可供入境游客体验异地休闲生活的潜在目的地。乡村旅游目的地也是我国面向国际社会讲述中国生态文明，尤其是现代化建设成就的重要窗口。UNWTO也将乡村视为重要的国际旅游目的地，自2021年起，在全球评选了74个"最佳旅游乡村"（Best Tourism Villages）。其中，中国有8个乡村入选，分别是：安徽西递村、浙江余村、重庆荆竹村、广西大寨村、陕西朱家湾村、甘肃扎尕那村、浙江下姜村和江西篁岭村。建议我国在这一评选名单的基础上，向周边乡村扩展，推出一批吸引国际游客到访的中国乡村旅游群落，并基于实地调研发现和解决国际游客到访过程中可能存在的问题和障碍。

四、海外推广工作的重点内容

围绕中国文化体验性和异地生活感开展海外宣传推广，在线上联合旅行服务商制作中国旅游手册和旅游纪念品，对优秀的指南及其线上传播提供资助；线下同样联合旅行服务商通过展会、路演等向境外B端和C端受众着重推广中国的文化旅游体验产品和线路，持续强化国际社会对中国作为文化旅游目的地的认知。

1. 支持市场主体推出中国旅游指南/攻略

为更好地在行前决策阶段为潜在入境游客提供有效信息，激发他们来华兴趣，建议国家文旅推广部门支持旅行服务商推出并持续更新中国旅游指南/攻略，并针对主要客源市场在其受众习惯到访的平台上进行传播。考虑到平台型旅行服务商直接面向广大国际散客提供服务，对潜在目标受众更加了解，且企业本身就有推出指南/攻略的需要，以及其平台也可作为信息传播渠道，文旅推广部门可与他们合作制作和更新中国旅游手册和中国旅游纪念品。同时，围绕签证、交通、支付、保险等主要议题面向旅行服务商征集优秀脚本、图文、短视频，并给予资助，鼓励其在TripAdvisor、社交媒体和OTA等平台上进行传播，在资助周期结束后对其传播效果进行第三方评估，来确定后期是否继续给予资助。

2. 遴选并推广文化旅游产品和线路

持续推出更多具有中国文化特色的产品和线路，提升中国作为文化旅游目的地的国际影响力。强化与提供优质文化旅游体验产品的入境旅行服务商之间的合作，解决以往宣传只有内容没有落地产品，无法进行事后评估的问题。国家联合各级文旅推广部门可面向入境旅游服务商征集高质量的入境旅游文化体验产品和线路，形成中国文化旅游产品和线路100，将拟重点推广的乡村旅游目的地以及服务不断完善的博物馆游览、古建住宿（CAH）以及"别样发现"之旅纳入这些产品和线路，并为其提供营销推广支持。在境外参展、推介、路演等活动中联合相应的旅行商推广这些产品和线路，如在国际知名展会上为其提供宣传展位和地推；在开展重大国际会议期间，委托这些入境旅行服务商为政要提供会后参观服务；为这些旅行服务商邀请境外合作伙伴踩点、线上图文、视频制作等提供必要经费支持。在支持周期结束后组织第三方进行效果评估，并以此来决定后期是否继续资助。

第五章
入境旅游促进政策建议

第五章 入境旅游促进政策建议
Chapter V Policy Recommendations for Promoting Inbound Tourism

在入境旅游重启元年，各级政府和文旅部门积极作为，制定和落实相关政策，加快恢复对外营销推广工作。但也要看到入境旅游所能发挥的经济和社会效益还有很大提升空间，需要提升入境旅游的战略地位，在新时期，要制订务实、任务明确、由多部门协同落实的入境旅游振兴计划。

一、各级政府和文旅部门积极作为

各级政府和文旅部门积极行动推动入境旅游恢复和发展，在旅游发展规划及政策制定中，始终将入境旅游发展作为重要内容，并积极落实相关政策部署。各级旅游目的地积极"走出去"，加大中国目的地品牌标识的推广，在境内外通过会议、展览、推介会等开展线下推广活动。各级政府和文旅部门还通过将文创展销、文旅体验活动等与会议赛事有机整合，将大型国际会议赛事作为对外文旅推广的重要平台。此外，各级政府和文旅部门通过搭建行业交流平台、业务绩效奖励等方式对市场主体给予支持。

1. 制定落实入境旅游发展规划和政策

我国持续重视入境旅游的发展，并给予相应政策指引。入境旅游作为新中国成立后我国现代化旅游业的开端，是我国旅游业发展的重要构成，也是衡量我国旅游竞争力水平的重要标尺。入境旅游振兴是建设旅游强国的题中之义。在2008年金融危机之后，入境旅游发展进入平台期，增长乏力。在这一背景下，2017年，原国家旅游局联合中国旅游研究院编制《外国人入境旅游市场"十三五"发展规划（2016—2020）》，规定了国家形象推广、产品创新、市场主体培育、目的地品牌、边境旅游及"一带一路"协同等六个方面的任务。此外，每五年发布的旅游业发展规划持续将入境旅游促进作为重要的政策内容。《"十三五"旅游业发展规划》明确提出要"大力提振入境旅游"，疫情期间发布的《"十四五"旅游业发展规划》提出要"出台入境旅游发展支持政策"。

积极落实最新政策部署。入境旅游重启半年后，2023年9月29日，国务院办公厅印发了《关于释放旅游消费潜力推动旅游业高质量发展的若干措施》（以下简称《措施》），提出实施入境旅游促进计划、优化签证和通关政策、恢复和增加国际航班、提升在华旅行便利度（景区门票预订、车船票购买、住宿登记、多语种服务、支付等）、优化离境退税服务、发挥旅游贸易载体作用等具体工作促进措施。其中提出的很多措施正在逐步落地。如从11月10日起，中国和哈萨克斯坦实行互免签证，我国在2023年12月1日至2024年11月30日，对法国、德国、意大利、荷兰、西班牙、马来西亚6个国家持普通护照公民来华经商、旅游观光、探亲访友和过境不超过15天试行免签入境。这些签证便利化措施都是在积极落实《措施》提出的"积极研究增加免签国家数量"。中国和美国之间的直达航线从10月29日起将增至每周48班（中美两国航空公司各24班），随后不久又增至70班（即中美各35班），正是对《措施》中"增加与入境旅游主要客源国、周边国家的航线，加密航班频次"这一部署的具体落实。如此一来，根据此《措施》，我国未来有望逐步解决困扰入境旅游发展的各类"老大难"问题，如景区门票预订、车船票购买、住宿登记、多语种服务、支付等，在华旅行便利度有望得到切实提升。

2. 旅游推广加快"走出去"步伐

2023年，我国正式启用了"你好中国！"（"Nihao China！"）对外旅游推广品牌标识（见图5-1）。该标识由卡通熊猫形象、"Nihao China"彩色字母以及"你好中国！"汉字古风印章构成，设计古今相融、画面活泼生动，代表了我国可亲、可爱的旅游大国形象。其中，"Nihao"五个字母还分别延伸出全国交通便利性（N-Nationwide）、互动式旅行体验（I-Interactive）、热情友好（H-Hospitable）、发达便利的无卡支付（A-Advanced）和开放包容（O-Open）等五个方面。这一标识在海外进行了广泛传播，并和许多丰富多彩的活动进行了有益的链接，如在美国纽约大都会棒球队主场开展了赠送"墨宝"活动，在澳大利亚悉尼举办了赴华旅行者便捷支付说明会，在新西兰黑斯廷斯市亮相建市150周年花车巡游。

图5-1 "你好中国！"旅游推广品牌标识

目的地推广活动重新走到线下。各地结合高品质旅游资源也开展了丰富的营销活动，如北京举办了"长城好汉——中轴之旅"全球营销推广活动，中外文化交流中心联合山东、山西、河南、四川、甘肃等地举办黄河主题旅游海外推广。重庆市在法国巴黎举办"茶和天下•雅集"活动，吸引当地市民参加，中国驻曼谷旅游办事处主办"我想去中国"短视频创意大赛，激发泰国民众来华旅游。

各地正在建设拓展国际旅游推广体系。根据中国招标投标网搜索，福建省要建设旅游海外合作推广中心并运营海外驿站，吉林省要开展海外社交媒体推广，广州市要打造城市形象多语种精准传播，温州市要建设日本海外推广中心。

3. 依托国际会议赛事整合文旅推广内容

2023年10月17日至18日第三届"一带一路"国际合作高峰论坛在北京举办。其间，人民日报新媒体推出的"一带一路"国际形象网宣片《Belt and Road》上线英语、法语、俄语、西班牙语、阿拉伯语等多语种版本，呈现了我国与150多个国家和30多个国际组织相向而行的丰硕成果，为这些国家和地区民众来华旅行营造良好舆论。另外，北京市文化和旅游局在各个参会代表团以及外宾驻地设置了 31 个文创产品专区，展示、销售带有"一带一路"元素、中华优秀传统文化和北京文化特色的各类文创产品，参会外宾在闲暇时间纷纷来展台选购，精品文创借此机会走出国门。

2023 年，我国连续举办了大运会和亚运会两场大型赛事，从美不胜收的开幕式到精彩激烈的赛场比拼，从激情四射的现场呐喊到互帮互助的场外故事，无不展现着可信、可爱、可敬的中国形象，举办城市向赛事活动借势，融入文旅推广内容，推出旅游便利化措施，吸引参会者在华期间多多游览参观。

第 31 届世界大运会于 2023 年 7 月 28 日至 8 月 8 日在四川省成都市成功举行。千年古都成都以浓郁的中国风、巴蜀韵、烟火气，传递着更具青春气息的国际范，包括成都熊猫基地、三星堆博物馆以及"世界遗产经典之旅"在内的十余条精品体验线路，也让诸多外国友人深受感染、乐在其中。

第 19 届亚运会于 2023 年 9 月 23 日至 10 月 8 日在浙江省杭州市成功举行。传承千年文化的宋韵古都彰显着互联网之城满满的科技范，"三江两岸"黄金旅游线生动地诠释着绿水青山就是金山银山，杭州大厦、四季青、武林商圈等地更是爆火出圈，吸引络绎不绝的外国友人前来购物消费。为了给参赛人员提供便利，杭州海关开辟了专用通道，使用一体化智能闸机等设备，配备多语种"口袋书"式服务指南。此外，在杭州亚运会开幕前夕，浙江省公安厅机场公安局还推出 10 项微改革服务举措，推行政务服务机场"一窗办"，实现为外籍人员入境驾车落地办理临时机动车驾驶许可，在杭州旅游且有驾车需求的持境外机动车驾驶证的外国公民均可申请，有效期最长不超过 12 个月。

4. 支持市场主体加快恢复

通过主办各类旅游专业展览会、博览会，帮助相关企业重建业务联系、修复供应链，如天津举办的全球旅行商大会，吸引了诸多行业头部企业共话发展；在上海举办的 ITB China 国际旅游交易会，推动"全球朋友圈"强势回归。各地方政府优化调整对入境旅行服务商的支持和奖励措施。湖南省文化和旅游厅、省财政厅联合出台《湖南省"引客入湘"入境旅游奖励办法》，单个奖励对象最高可获 80 万元。四川省文化和旅游厅、省财政厅联合出台《四川省发展入境游激励办法（试行）》，设置入境游客人次激励、远程市场特别激励、参加境外国际旅展补助、参加文化和旅游厅组团赴境外营销推广补助等四项措施。

二、提升入境旅游的战略地位

虽然我国依赖入境旅游创汇的时代早已过去，但与全球主要经济体相比，我国入境旅游收入还有很大提升空间，入境旅游拉动国内消费的潜力并没有得到有效发挥。入境旅游作为国际社会交往的重要形式，可有效改善和提升我国国家形象，随着更多入境游客的到访，入境旅游在提升国家形象方面可发挥更大作用。无论是拉动国内消费还是提升国家形象和软实力，入境旅游都应被纳入国家发展战略。

1. 入境旅游拉动消费的潜力有待释放

在 2023 年 9 月国务院出台的《关于释放旅游消费潜力推动旅游业高质量发展的若干措施》中，专门提出要"加强入境旅游工作"，这意味着入境旅游在拉动国内消费方面所能发挥的作用得到认可。从 2010—2019 年全球主要经济体的国际旅游收入水平来看（图 5-2），我国国际旅游收入还有较大的提升空间。与全球主要经济体美国、日本、德国、印度、法国等相比，我国国际旅游收入占 GDP 的比重较低，尤其是根据外汇管理局的数据，这一比重在疫情前十年里持续下降，到 2019 年仅为 0.3%，远低于日本（1.0%）、美国（1.1%）、印度（1.2%）、德国（1.5%）和法国（2.6%）。2014 年，我国调整了国际旅游收入口径，在原有花费基础上增加了停留时间为 3~12 个月的入境游客的花费和在华短期旅居（纯粹旅游之外）游客的花费，即使如此，我国国际旅游收入占 GDP 比重在 2019 年仍不足 1%。伴随我国旅游硬件设施和服务品质的不断提升，我国有潜力成为吸引中高端客源市场的国际旅游目的地，我国国际旅游收入占GDP的比重如果提升0.5个百分点，将增加约1000亿美元的国内消费，入境旅游拉动消费的潜力较大。

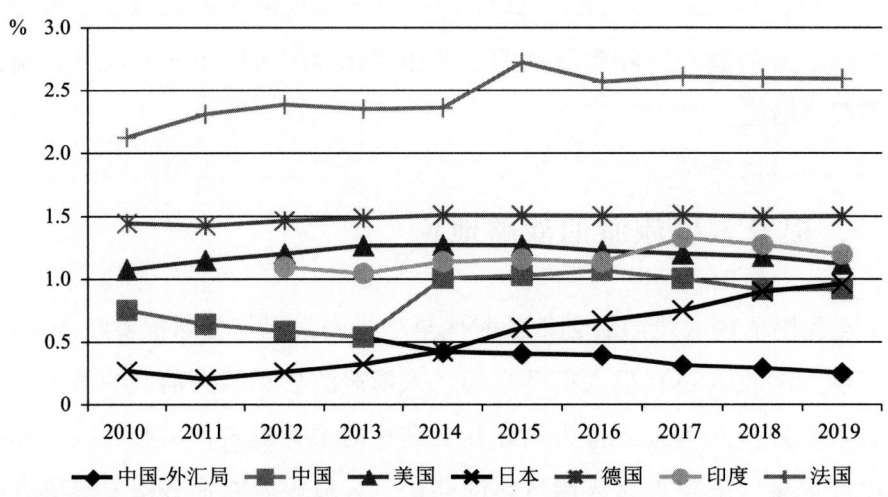

图5-2 2010—2019年主要经济体国际旅游收入占GDP的比重

资料来源：世界银行数据库、国家外汇管理局、中国旅游研究院。

2. 通过入境旅游提升国家形象

入境旅游具有民间外交功能。新中国成立后，我国把入境旅游作为总体外交的一个组成部分，对外宣扬新中国的内外政策和成就，树立新中国的良好形象，这种观念和做法依然值得我们学习和借鉴。即使是对国际旅游收入依赖度很低的发达国家，也无不重视入境旅游发展。如日本在2003年提出"观光立国"政策。在"9·11"事件后，美国于2012年由商务部、内政部牵头，国务院、财政部、农业部、劳动部、交通部、国土安全部、总统办公室、美国进出口银行、小企业管理局等参加，共同制定《全国旅行和旅游发展战略》，吸引国际游客赴美旅游。对国际旅游的重视不仅是为了增加外汇和拉动就业，更是因为入境旅游作为国际社会交往的重要形式，可有效改善和提升国家形象。

通过入境旅游改善我国国家形象具有很强的现实必要性。由于中西方较大的文化差异、语言障碍及国际主流媒体对中国的报道不全面，甚至不客观，中国入境旅游对于提升我国国家形象变得更加重要。国外研究机构（皮尤研究中心）在2022年最新的调查显示，欧美和日韩等发达经济体对我国普遍持有负面看法，约八成以上日本、澳大利亚、美国、韩国受访者对中国持有负面看法，东欧的波兰、匈牙利两国的受访者对中国持有负面看法的比例也在一半以上。在外部舆论对华非常不友好的大环境下，吸引大量外国民众亲身来华体验，能够通过事实的客观呈现破除西方媒体的不实报道和舆论，改善他们心目中对中国和中国人的扭曲印象，帮助他们理解中国的发展路径和模式，提升我国的国家形象。

三、出台新时期的入境旅游振兴计划

已有相关规划和政策对入境旅游发展发挥了积极的指引作用，但整体偏向宏观，缺乏具体的工作内容和抓手。伴随2023年入境旅游的重启，当前，我们正站在疫后入境旅游发展的新起点上，应积极落实《"十四五"旅游业发展规划》和《关于释放旅游消费潜力推动旅游业高质量发展的若干措施》的要求，除了已有宏观层面的政策指引外，研究制订入境旅游振兴计划，提供更加具体的工作方案。在计划编制过程中，除了立足自身客观现实要求，也有必要借鉴学习别国好的经验做法。

编制更加系统务实的入境旅游振兴计划（未来5年）。计划要从目标愿景到战略，再到核心任务、具体任务和落实措施以及每项具体任务的执行时间和负责部门。将入境旅游振兴提升到国家战略高度，成立协调工作小组，保障各政府部门所负责任务的执行和落实。

反复听取多方意见以保障后期有效执行。通过专家座谈会、行业座谈会、政府部门沟通会等搜集多方意见，在计划编制的前、中、后三个环节均要与相关利益主体进行反复沟通以达成一致，从而保障未来计划的有效执行。考虑到计划编制过程的复杂性，建议计划的编制周期为1年。

立足全球国际旅游竞争格局，确定我国入境旅游发展战略和核心任务。入境旅游发展战略的制定要立足于我国的比较优势和既有的国家形象及旅游目的地认知形象。我国历史源远流长，积淀了深厚的中华文明底蕴，独特的文化是我国与他国的根本区别所在，也是构建我国目的地差异化竞争力的关键所在。这既包括优秀传统文化，也包括社会主义先进文化。初步建议将入境旅游发展战略定义为：打造让全球游客印象深刻的传统与现代交织融合的旅游目的地。核心任务可包括：①兼顾传统欧美客源市场和"一带一路"新兴客源市场，尤其要吸引年轻一代到访。②挖掘优秀传统文化的当代生活表达，打造国民和国际游客共享的旅游体验。③系统提升入境旅游便利度，继续优化入境签证政策，逐步攻破景区门票预订、车船票购买、住宿登记、多语种服务、支付等"老大难"问题。④建立入境旅游数据平台，按月及时公布各客源市场来华旅游情况，并定期开展国际游客来华意愿和消费行为调查，为市场主体和各级目的地决策提供数据支撑。

后　记

2023年，我国逐步放开与疫情管控相关的所有入境限制，开启了入境旅游市场的新篇章。在此背景下，我国入境旅游市场进入稳步恢复通道，部分客源市场，如港澳市场以及商务旅行市场实现较快复苏。未来，随着潜在入境旅游需求显著提升，入境旅游签证便利化的政策效应进一步释放，入境旅游恢复形势较为乐观。与此同时，入境旅行服务商正在修复和重建供应链，行业生态正在重构。

在入境旅游重启之际，政府和文旅部门制定并积极落实入境旅游发展规划和政策，加快开展对外营销和推广工作。未来，在国家层面，需要提升入境旅游的战略地位，制订务实明确、由多个部门协同实施的入境旅游振兴计划，充分发挥入境旅游在拉动消费和提升国家形象方面的潜力。各级目的地更加丰富的文化体验和美好生活可更好地满足入境游客的个性化需求，目的地需专注于文化体验和异地生活感的打造，不断增强中国作为文化旅游目的地的吸引力和影响力。

本报告在主编的指导下完成。课题组在初步确定研究框架后多次开会探讨，研究成员发挥各自专长，经多轮修改后完成最终报告。除了中国旅游研究院的研究人员外，山东师范大学商学院旅游管理系教师刘倩倩博士和上海商学院上海洛桑酒店管理学院副教授席宇斌博士作为院外合作研究人员，继续参与报告内容的撰写工作。第一章"全球国际旅游市场加快恢复"分析了国际旅游市场的恢复情况和我国面临的竞争形势，执笔人为刘倩倩和刘祥艳；第二章"入境旅游步入恢复通道"分析了我国入境旅游市场恢复的政策背景、市场恢复现状、特征及游客满意度情况，执笔人为刘倩倩、刘祥艳和席宇斌；

第三章"入境行业生态正在重构"分析了入境旅行服务商的恢复特征以及制约和挑战因素，并对入境旅行服务商的未来发展提出建议，执笔人为刘祥艳、马晓芬和王怡玮；第四章"目的地的文化体验和美好生活再升级"基于目的地发展现实，围绕目的地文化体验性和异地生活感的提升，从产品升级、场景打造、旅行线路、营销推广等方面给出具体、可操作的建议，执笔人为刘祥艳和马晓芬；第五章"入境旅游促进政策建议"在相关政策成效基础上，提出国家层面的促进入境旅游发展的政策建议，执笔人为席宇斌和刘祥艳。王怡玮和彭雪雯同志负责完成了报告的校对工作。

感谢中国旅游研究院入境旅游案例库中的入境旅行服务商对本报告的持续支持，他们为报告提供了宝贵的第一手资料。他们是：

中国旅游集团旅行服务有限公司（中旅旅行）

携程旅行网（trip.com）

亿客行咨询服务（北京）有限公司（us.expedia.cn）

国华假日（北京）旅行社有限公司（国华假日）

环球运通（北京）国际旅行社（环球运通）

西安卓恒国际旅行社有限责任公司（卓恒国旅）

陕西利行国际旅游有限责任公司（利行国旅）

成都极自游国际旅行社有限公司（Greatway）

北京京骑文化传播有限公司（京骑文化）

桂林海纳国际旅行社有限公司（Trippest）

四川迷碟旅游咨询服务有限公司（Lost Plate）

北京神州旅程网络科技有限公司（HiChina Travel）

深圳沃亚信息技术有限责任公司（Come to China）

云游天下（北京）科技有限公司（共享好导游）

课题组

2023 年 11 月 29 日